Reinier & Szilvia van Gerrevink

Wer bist Du ...
und lebst du schon deine Berufung

Reinier & Szilvia van Gerrevink

Wer bist Du ...

und lebst du schon deine Berufung?

van Gerrevink GmbH in Kooperation mit wertevoll leben

Wir sagen DANKE

unseren Eltern,
Hermann und Sarah,
wertevollleben und
unseren Verwandten und Freunden,
die uns dabei ermutigen,
unser Leben zu leben.

1. Auflage 2013

Cover: Atelier Hofmann
Lektorat: Petra Polzer
Satz und Herstellung: Kösel GmbH & Co. KG, Krugzell
Herausgegeben von: van Gerrevink GmbH
in Kooperation mit wertevollleben
Printed in Germany

ISBN 978-3-00-041607-1

Inhaltsverzeichnis

Teil IV.

Vorwort von Günter Peham

Lieber Leser,

„Für jeden von uns gibt es diesen Platz im Leben, unsere Berufung, die wir in einem echten Miteinander so richtig ausleben können!"

Das ist für mich die Kernaussage von diesem Buch. Aus meiner eigenen Erfahrung kann ich dieser Aussage voll und ganz beipflichten. Für viele meiner Weggefährten und für mich selbst ist es – dank Reinier und Szilvia – immer mehr gelebte Kultur geworden. Es ist aus meiner Sicht die höchste Form von Lebensqualität, die ein Mensch jemals auf dieser Erde erreichen kann. Ich bezeichne die Berufung gerne als das Wirken Gottes durch uns Menschen.

Ich kenne die beiden schon viele Jahre und weiß, dass sie selbst diesen Weg gegangen sind, mit all den Herausforderungen, die man als Pionier hat, wenn man sich auf neue Pfade begibt. Heute profitieren viele Menschen von diesem außergewöhnlich großen Erfahrungsschatz, den sie sich dadurch erworben haben.

Auch ich kam vor einigen Jahren in den Genuss der Berufung von Reinier und Szilvia. Sie haben mir im Bezug auf meinen Platz im Leben die Augen geöffnet. Über einen langen Zeitraum habe ich Berufung und Vision verwechselt. Durch sie durfte ich erkennen, dass da ein großer Unterschied ist. Meine Effizienz hat sich dadurch um ein Vielfaches gesteigert. Dafür bin ich ihnen auf ewig dankbar.

In meiner Tätigkeit bei wertevollleben spielt dieses Thema eine zentrale Rolle, denn nur wenn Menschen ihren spezifischen Wert und ihre Berufung erkennen und leben, werden wir eine nachhaltige Veränderung in Gesellschaft, Wirtschaft und Politik erleben. Sich seiner eigenen Werte bewusst zu sein, ist die Grundlage für eine Wertekultur der gelebten Liebe. Daher freut es mich sehr, dass Menschen nun die Möglichkeit haben, auch in Form dieses Buches Inspiration und Ermutigung zu erfahren, selbst diesen Weg zu gehen.

Ich wünsche Reinier & Szilvia eine große Verbreitung dieses Buches. Es gibt dem Leser eine tolle Orientierung, wie er selbst beginnen kann, für sich seine Berufung und seinen Platz im Leben zu erkennen und diesen in einem echten Miteinander voll auszuleben.

Reinier und Szilvia wünsche ich viel Erfolg mit diesem Buch und dem Leser viel Inspiration und Mut auf dem Weg zur eigenen Berufung!

Günter Peham

Initiator von wertevollleben
www.wertevollleben.com
Gemeinsam in Freiheit Werte voll leben!

Vorwort von Karl Pilsl

Lieber Leser,

du hast dich sicherlich auch schon gefragt: Was sind die zwei wichtigsten Tage im Leben eines Menschen? Der erste Tag ist der Tag, an dem du geboren wurdest und der zweite Tag ist der Tag, an dem zu herausgefunden hast warum. Warum bin ich auf dieser Erde?

Als ich im Jahre 1982 die wichtigste Entscheidung meines Lebens getroffen habe, habe ich auch gleichzeitig Gott darum gebeten, mir zu zeigen, was SEIN Plan wäre für mich auf dieser Erde. Ich dachte ja, mein Plan sei nicht schlecht, aber es kann ja sein, dass ER etwas Anderes und vielleicht Besseres für mich geplant hat.

Als ich IHM diese Frage stellte, hatte ich noch keine Ahnung, was alles auf mich wartete. Schritt für Schritt kam ich immer mehr heraus aus meinem geschäftigen TUN und immer mehr hinein in mein SEIN. Ich konnte mir vorher gar nicht vorstellen, dass es so eine Entwicklung gibt, aber von Monat zu Monat und Jahr für Jahr bemerkte ich, dass mein Leben sich immer dramatischer zum Besseren wendete. Ich lernte im Sein zu leben und wurde dadurch zu einem Segen für viele Menschen.

Das vorliegende Buch von Szilvia und Reinier van Gerrevink – denen wir seit Jahren freundschaftlich verbunden sind und mit denen wir auch schon einiges gemeinsam bewegten – sehe ich als eine große und ausgezeichnete Hilfe, Menschen wie dich und mich in ihr SEIN hineinzuführen. Dieses

Buch ist voller exzellenter Gedanken und Inspirationen, die auch dein Herz sicherlich mehr und mehr zum Hüpfen bringen.

Öffne dein Herz und lasse dich von diesen Gedanken wirklich ermutigen und inspirieren, deinen ganz eigenen Weg zu gehen – in deiner mit nichts zu vergleichenden Einzigartigkeit.

Es lohnt sich mehr als du denkst!

Dein
Karl Pilsl

Wirtschaftsjournalist, mehrfacher Buchautor und Verleger
www.wirtschaftsrevolution.de
www.menschenspezialist.com
Was haben andere Menschen davon, dass es dich gibt?

Wir über uns:

Mein Mann Reinier ist gebürtiger Niederländer. Seit 1989 lebt und arbeitet er in Deutschland. In seinem ursprünglichen Beruf als Hotelfachkaufmann hat er alle Tiefen und Höhen in seiner Branche erlebt. Die Bandbreite reicht vom Konkurs des eigenen Restaurants über erfolgreichen Service Leiter in einem Nobelrestaurant bis hin zum Geschäftsführer einer Reinigungsfirma in der Gastronomie. Die große Verantwortung brachte ihm ein hohes Einkommen, aber Geld allein macht nicht glücklich – und er war es auch nicht. Auch müsse es mehr geben, dachte er, als für einen einmaligen Fehler ein Leben lang zu bezahlen. Schon immer sehnte er sich darüber hinaus nach einem neuen Miteinander, das auch harmonisch funktionieren kann, wenn es eben einmal nicht so gut läuft. Im Jahr 2003 traf er die Entscheidung, einen radikalen Schnitt in seinem Leben zu machen. Er gab alles auf und war bereit, seinen neuen Weg zu suchen – und er hat ihn gefunden.

Meine Frau Szilvia ist in Ungarn geboren und aufgewachsen. Sprachlich ist sie hochbegabt und wusste bereits im zarten Alter von vier Jahren, dass sie Lehrerin werden möchte. Als sie jedoch in ihrem vorletzten Jahr an der Universität realisierte, welchen Hungerlohn Lehrer in Ungarn verdienen, hat sie ihren Traum fast aufgegeben. Aber sie hatte schon immer ein Händchen für unternehmerische Tätigkeiten. So hat sie ein Jahr später mit 21 Jahren ihr eigenes Sprachschulnetzwerk gegründet. Damit konnte sie ihren Traumberuf mit Traumbedingungen sehr erfolgreich verknüpfen.

Im Jahr 2006 haben wir beide uns kennengelernt. Schon nach wenigen Tagen wussten wir: Wir gehören zusammen! Wir wollten gerne etwas machen, das unseren Neigungen und Fähigkeiten entspricht – und vor allem wollten wir es gemeinsam machen. 2008 erreichten wir einen Meilenstein in unserem Leben: Wir fanden unsere Berufungen heraus und bringen diese seither immer wieder in verschiedene Projekte ein.

Ab 2010 halfen wir anderen Menschen, ihre Berufung und deren Wert zu entdecken, um gemeinsam in der Berufung im neuen Miteinander zu leben. In diesem Buch wollen wir unsere Erfahrungen weitergeben, damit diese lebensverändernden Botschaften viele Menschen erreichen können:

- Wenn wir erkennen, dass wir bereits ein Teil eines Ganzen sind und nicht irgendwann werden, dann hat das eine enorm verändernde Auswirkung auf ein gelebtes, harmonisches und nicht nur gesprochenes Miteinander.

- Wir haben bereits alles in uns, damit wir das Leben leben können, nach dem wir uns sehnen. Wir werden nie etwas dazubekommen. Es gilt, diese Werte, wie unsere Berufung in uns zu entdecken und auszuleben.

Reinier und Szilvia van Gerrevink

Wir begrüßen dich, lieber Leser!

Wir alle wünschen uns, ein Leben leben zu können, wonach wir uns schon immer gesehnt haben.

Wir sehnen uns nach Sicherheit, Freiheit, Wertschätzung, einem harmonischen Miteinander und einem natürlichen Wachstum oder anders ausgedrückt: Freiheit und Erfolg in unserem Leben.

Wenn wir unsere Berufung erkennen und immer mehr leben, führt sie uns zur Erfüllung unserer tiefsten Sehnsüchte.

Wenn du diese Seiten in deiner Hand hältst, möchtest du wahrscheinlich deinen eigenen Platz im Leben finden oder deine Berufung immer leichter und einfacher leben können. Vielleicht sehnst du dich auch nach einem harmonischen Miteinander in deinem Umfeld.

Mit diesen Seiten wollen wir dir keine Patentlösungen geben, wie du dein Leben so gestalten kannst, wie du es möchtest, da es sie nicht gibt. Jeder von uns ist die Lösung für sich selbst und die Lösung ist bereits in uns.

Wir wollen dich in diesem Buch gerne inspirieren, den Reichtum in dir als die Lösung für dein Leben zu entdecken.

Genau dieser Reichtum in dir, deine innere Werte, deine Berufung, deine Gaben und Sehnsüchte sind der Schlüssel für dich, damit du deinen Platz im Leben findest und einnimmst.

Es geht in unserem Leben unserer Meinung nach darum, dass wir erkennen, was bereits in uns ist und was für eine Auswirkung das auf unser Umfeld hat.

Wenn wir diesen einzigartigen Reichtum in uns wertschätzen, zieht diese Wertschätzung natürlicherweise konkrete Handlungen nach sich. Durch diese Handlungen wird unsere Berufung für andere sichtbar.

In unserer Berufung sind wir fähig, unserem Umfeld den höchstmöglichen Nutzen zu geben.

Wo ein hoher Nutzen entsteht, da sind die Menschen, die diesen erkennen, gerne bereit, den Wert dieses Nutzens wertzuschätzen.

Wir wünschen dir viel Freude beim Entdecken deines Reichtums in dir!

Dein Reinier und deine Szilvia van Gerrevink

P.S. Wir würden uns freuen, wenn du uns deine Geschichte und Erlebnisse im Bezug auf dieses Buch mitteilen würdest. Du kannst uns gerne deine Zeilen auf info@van-gerrevink.com zuschicken.
Wir würden uns auch freuen, wenn wir uns auch persönlich bei einem unserer Webinare oder Seminare kennen lernen.

Teil I.

Jeder ist berufen, auch du!

Es gibt einen Bereich, in dem wir so einzigartige Auswirkungen haben, dass wir nicht zu ersetzen oder austauschbar sind. Das ist der Bereich unserer Berufung. Wenn wir unsere Berufung leben, entstehen durch uns Lösungen, die durch keinen anderen in der Art und Weise entstehen können. Wenn wir unsere Berufung nicht leben, kann kein anderer die gleichen Lösungen bewirken.

Unter Berufung verstehen viele Menschen meistens eine Tätigkeit oder eine berufliche Ausrichtung, etwas, was man gerne oder aus Leidenschaft macht. All das entspricht auch unserer Meinung nach der Wahrheit, aber die Berufung umfasst viel mehr als nur eine Tätigkeit.

Wir wurden einzigartig mit einer ganz spezifischen Berufung geschaffen. **Unsere Berufung ist ein Ausdruck von unserem Sein. Unsere Berufung als spezifisches Wirken entspringt aus unserem Sein und bietet für uns unendlich viele Aspekte und Möglichkeiten, wie wir sie ausleben können.** Wie ein Stein, der ins Wasser fällt und weite Kreise zieht. Der Stein steht in diesem Bild für unser Sein und die Kreise stehen für unsere Berufung.

Wenn wir bei der Suche nach unserer Berufung nur auf die Tätigkeit fokussiert sind, unabhängig von ihrem Ursprung, dann schränken wir den ursprünglichen Sinn, und das ist unser Sein und nicht unser Tun, ein.
In unserem Sein sind auch die Kraft und die Liebe inbegriffen, die uns fähig machen, durch dieses spezifische Wirken den höchstmöglichen Nutzen für uns und andere stiften zu

„Statt dass wir das, was wir tun,
daraus hervorkommen lassen,
wer wir sind,
versuchen wir durch das,
was wir tun, das zu werden,
was wir eigentlich schon sind."

Dr. James B. Richards,
das Evangelium des Friedens S. 28

können. Sei es der Nutzen für uns, unsere Familie oder für das Unternehmen, in dem wir tätig sind oder in unserer Firma oder Selbstständigkeit.

„Statt dass wir das, was wir tun, daraus hervorkommen lassen, wer wir sind, versuchen wir durch das, was wir tun, das zu werden, was wir eigentlich schon sind."
Dr. James B. Richards, das Evangelium des Friedens S. 28

Viele stellen sich die Frage nach der Tätigkeit: „Was möchte ich beruflich machen?" Wenn wir über diese Frage nachdenken, dann laufen unsere Überlegungen oft in die Richtung, mit welcher Arbeit gutes Geld verdient werden kann oder welche Tätigkeit uns am meisten Sicherheit oder Freiraum für etwas anderes – wie z.B. Kindererziehung und Haushalt – bringt. Natürlich denken wir auch daran, was wir gerne machen möchten, aber wenn der finanzielle Aspekt dabei schlecht ausschaut, verwerfen wir den ursprünglichen Gedanken oft. Wir sind kompromissbereit und wählen einen Beruf, der für uns noch vorstellbar und realisierbar ist.

Die nächsten Fragen bringen uns einem Beschäftigungsfeld näher, der unserem Sein mehr entspricht: „Was möchte ich von ganzem Herzen gerne machen? Was entspricht meinem Wesen?" Gerade die Antworten und Gedanken, die auf diese Fragen kommen, sind ganz wichtige Indizien für einen oder mehrere Rahmen, in dem oder in denen wir unsere Berufung ausleben können.

Wir sind nämlich nicht auf dieser Erde, um für Geld eine Tätigkeit auszuführen, die mit uns nicht so viel zu tun hat. Wenn das Geld, die Sicherheit oder andere Sachen alleine die Motive sind, warum wir etwas tun, werden wir immer von diesen Umständen oder Sachen abhängig bleiben und unser ganzes Leben danach ausrichten. Ja, Sicherheit und Finanzen sind wichtig, aber nicht als Motive unserer Handlungen. Sie sind Begleiterscheinungen und/oder ein Bestandteil unseres Seins und die Früchte der daraus entstandenen Handlungen.

Jeder hat seinen speziellen Platz im Leben. Und jeder ist ein Teil eines Ganzen!

Wir sind auf dieser Erde, weil wir einen bestimmten Auftrag ausführen dürfen. Es gibt einen Sinn, warum wir geboren wurden und hier im Jetzt leben. Für uns wurde eine Lebensaufgabe, ein spezieller Platz, vorbereitet. Hier sind wir einzigartig und können all unsere Gaben und Talente unserem Wesen entsprechend ausleben. Es gibt also diesen Ort, wo wir „wir selbst" sein dürfen und auch sollen, wo wir uns nicht zu verstellen brauchen, wo wir keine Rolle zu spielen brauchen. Hier sind wir absolute Originale, hier werden wir gebraucht, hier sind wir die Lösung für bestimmte Herausforderungen. Keiner kann uns an diesem Platz ersetzen, wir sind hier keineswegs austauschbar.

Stellen wir uns ein wunderschönes Puzzlebild vor. Das wunderschöne Gesamtbild setzt sich aus einzigartigen Puzzlestücken, die bestimmte Teile des Gesamtbildes darstellen, zusammen. Wenn jedes einzelne Puzzleteil auf seinen Platz kommt, entsteht ein wunderschönes Bild.

Jedes einzelne Puzzleteil ist in sich komplett und wunderschön und enthält auf seiner Oberfläche einen Teil des Gesamtbildes. Anders ausgedrückt enthält es all die Lösungsansätze, Fähigkeiten und Gaben, die es braucht, diesen speziellen Platz ausfüllen zu können.

Jedes Puzzlestück verfügt über Ausbuchtungen und Einwölbungen, die mit den Nachbarn-Puzzlestücken ganz genau harmonieren und zusammenpassen oder – noch besser – nahtlos ineinander übergehen, so dass nur für ganz genaue Beobachter eine Grenze zu sehen ist. Die vielen Puzzlestücke ergeben eine große Einheit. Ein harmonisches komplettes Bild entsteht als Gesamtheit.

Stellen wir uns vor, dass jeder von uns so ein einzigartiges Puzzlestück darstellt und wir alle zusammen machen das wunderschöne Gesamtbild aus.

Das wunderschöne Gesamtbild steht für eine gemeinsame Vision. Sie steht nicht für eine eigene Vision, für deren Umsetzung viele andere hergenommen werden. Die einzigartigen Puzzlestücke stehen für berufene Menschen, die ihren Platz entdeckt und eingenommen haben.

Das Bild auf der Oberfläche meines Puzzlestückes gibt mir und auch anderen Orientierung, zu welchem Gesamtbild mein Bild, meine Vision, überhaupt passt. Die Einwölbungen zeigen uns, welche Gaben wir von anderen brauchen und die Ausbuchtungen zeigen, welche Gaben wir anderen geben können.

Dieses Bild passt sehr gut dafür, dass es einen Plan für unser Leben gibt, dass wir nicht austauschbar oder ersetzbar sind. Unser Leben hat sogar einen spezifischen Sinn und eine bestimmte Ausrichtung. Anhand dieses Bildes könnte der Gedanke entstehen, dass wir aufgrund unserer Berufung festgelegt sind und jede Spontaneität, Bewegung oder Wachstum ausgeschlossen sind. Unsere Berufung ist keineswegs statisch, sondern sie wächst und reift sehr dynamisch unser ganzes Leben lang, wobei unser freier Wille stets unberührt bleibt.
Kehren wir aber zurück zu unserem sehr anschaulichen Bild. Was passiert, wenn einer von uns – also ein Puzzleteil – unzufrieden mit dem bisher eingenommenen Platz ist und als Folge davon beginnt, „am Stuhl des anderen zu sägen“, damit er einen anderen – bestimmt noch „besseren“ – Platz einnehmen kann? Diesen Konkurrenzkampf oder diese Art von Mobbing kennen viele von uns wahrscheinlich nicht nur vom Hörensagen.
Der, der den anderen vertreibt, hat seinen Platz wahrscheinlich noch nicht gefunden und meint, durch solche Methoden vorankommen zu können. Derjenige, der vertrieben wurde,

war wahrscheinlich noch nicht auf seinem Platz angekommen, denn ein Berufener kann nie vertrieben werden. Die beiden haben wahrscheinlich noch nicht das Bewusstsein für den Platz, den jeder Einzelne von uns hat, gehabt. Wahrscheinlich haben beide nur eine Rolle gespielt. Irgendwann kommt immer die Zeit, wenn jemand anderer diese Rolle besser oder noch günstiger spielen kann.

Wenn nun eine Person versucht, einen nicht für ihn vorbereiteten Platz im Puzzlebild einzunehmen, indem er mit einer Feile das Gegenstück bearbeitet, um selbst hineinzupassen, dann kann es durchaus erfolgversprechend aussehen. Die anderen müssen jedoch ihre Linienführungen so verändern, dass sie zu diesem passen. Die anderen müssen passend geschliffen werden. Auch wenn dieser Versuch oft kurzfristig gelingt, so hält dieses Bild immer nur einer oberflächlichen Betrachtung stand. Die Linienführungen unter den Puzzlestücken können wohl passen, aber das Bild, das um diesen Teil herum entstanden ist, ist gar nicht stimmig. Und die Nachbar-Puzzlestücke sind voll mit Verletzungen und blauen Flecken. Dieses Klima ist gleich zu spüren, wenn wir auf so eine Gruppe von Menschen in einem Unternehmen oder anderen Organisation treffen.

Einige – also einige Puzzlestücke – versuchen immer wieder, ihre Partner – also ihre Nachbar-Puzzlestücke – zu finden, ohne das Gesamtbild zu kennen. Sie orientieren sich nur an der Linienführung. Da könnten wir genau so gut versuchen, ein Puzzlebild auf der Rückseite zusammenzulegen. Wir sehen also das Gesamtbild oder die gemeinsame Vision nicht. Dreht man das Puzzlebild auf die Vorderseite, nachdem die Puzzlestücke einander gefunden haben und Partnerschaften entstanden sind, so wundert man sich auf der Vorderseite über das entstandene Chaos.

Viele von uns sehnen sich danach, mit anderen gemeinsam etwas aufbauen zu können. Aber die meisten Partnerschaften haben bisher auch aus dem Grund zu Enttäuschungen geführt, weil nur die Linienführung – also die Stärken, Gaben und Talente der Menschen – berücksichtigt wurden, aber nicht das Gesamtbild, also die eventuelle gemeinsame Vision, die im Herzen der Menschen verankert ist.

Eine gute Nachricht ist, dass jeder, der das zu ihm passende Gesamtbild entdeckt und seinen Platz in diesem Bild – oder deutlich gesagt im Leben – eingenommen hat, kein Interesse mehr an anderen Plätzen hat. Er ist einfach angekommen. Er ist sich dessen auch bewusst, dass nur er diesen Platz ausfüllen kann. So schwindet jede Angst, ihn zu verlieren oder hier scheitern zu können. Wenn ein Puzzlestück diesen Platz eingenommen hat, können all die anderen in der Umgebung ihre Plätze auch einnehmen, wenn sie es bisher noch nicht getan haben. Die Linien gehen so nahtlos ineinander, dass sie niemand mehr sehen kann.

Wenn du die Entscheidung für dich getroffen hast, deine Berufung zu leben, wirst du sie auch erleben! Nichts und niemand kann das verhindern!

Was passiert, wenn immer mehr Menschen ihren Platz im Leben einnehmen?

Jeder Einzelne, der seinen Platz eingenommen hat, entwickelt immer mehr Wertschätzung für sich, für seine Nachbarn und die ganze Gemeinschaft. Ein richtiger Fluss an Gaben, Talenten und Finanzen ist unter den Berufenen im Lauf. Das Gesamtbild wird lebendig und die Gesamtvision bleibt keine Vision, sondern wird zur Realität und sie wird gelebt.

Keiner kann oder sollte unserer Meinung nach beurteilen, ob ein anderer seine Berufung lebt oder nicht. Jeder weiß aber in sich, ob er schon angekommen ist oder auch nicht. Wenn hier jemand noch eine Rolle spielt, könnte es irgendwann passieren, dass irgendwer kommt, der diese Rolle besser spielt.

Wenn du die Entscheidung für dich
getroffen hast, deine Berufung zu leben,
wirst du sie auch erleben!
Nichts und niemand kann das verhindern!

Ich bin angekommen auf MEINEM WEG!

Stellen wir uns vor, dass dieses wunderschöne Puzzlebild das Gesamtbild einer Familie, eines Betriebes oder Unternehmens, einer Gemeinde, eines Landkreises oder Landes ist. Die Eltern und die Kinder sind in ihrer Berufung. Der Unternehmer und seine Mitunternehmer, heute noch Mitarbeiter genannt, leben ihren persönlichen Auftrag. In den verschiedensten Organisationen wirken Menschen, die ihren Platz, also ihre Berufung, gefunden haben.

Könnte so eine Familie ein glückliches, harmonisches Leben führen? Könnten so Firmen, Vereine und Organisationen so richtig gedeihen? Hätten so Politiker Anziehungskraft? Hätten so Menschen Lösungen im Bereich Bildung, Gesundheit, Energie, Umwelt, Wirtschaft, Finanzen etc.? Ich möchte dich hier bitten, diese Fragen aus deinem Herzen heraus zuerst mal für dich zu beantworten.

Es ist so einfach, warum erleben wir das nur zum Teil oder noch gar nicht?

Die Antwort ist ganz einfach und auch sehr vielfältig. Einer der Gründe ist, wenn wir nicht wissen, dass es einen Platz für uns gibt, der für jeden von uns vorbereitet ist und auf dem sowohl das persönliche Glück als auch der natürliche finanzielle Fluss zu finden ist, dann suchen wir ganz einfach nicht danach. Und was wir nicht suchen, finden wir auch nicht.

Ein weiterer Grund ist, dass unsere Eltern und Großeltern in einer Zeit groß geworden sind, wo es hauptsächlich ums Überleben und später ums Aufbauen ging. Sie haben Wunderbares geleistet und viel Gutes aufgebaut. Das persönliche Wohlbefinden oder Glück spielte oft dabei kaum eine Rolle. Wir wurden später von unseren Eltern und dem bestehenden System so erzogen, dass wir in dieses System hineinpassen. Wir wurden für das bestehende System – oder anders gesagt – die bestehende Wertekultur vorbereitet oder passend gemacht.

Es ist den meisten von uns gar nicht eingefallen, dass wir selbst für uns auch ein unserem Wesen entsprechendes System schaffen könnten. Bei beruflichen Entscheidungen spielte die Überlegung der finanziellen Sicherheit oder des stabilen Arbeitsplatzes eine wichtigere Rolle als das eigene Wesen, die eigenen Neigungen und was dazu am besten passen könnte. Ein Freund von uns hat diese und gleichzeitig seine Situation bei einem unserer ersten Gespräche so zusammengefasst: *„Ich wurde gezeugt, geboren, erzogen und eingeschult, um der Nachfolger meines Vaters im Familienunternehmen zu werden. Mein Wesen spielte dabei keine Rolle.“*
Er hat ca. zehn Jahre gebraucht, sich selbst kennenzulernen und seinen Weg zu finden. Es geht ihm heute sehr gut in seiner Haut.

Ein nächster Grund ist, dass sich irgendwann eine Lüge eingeschlichen hat, die Arbeit muss nicht Spaß machen, sondern nur gut bezahlt sein. Es wurde zur Normalität, dass man „im Schweiße seines Angesichts" sein Brot verdient. Alles, was leicht geht und Freude bereitet, kann nicht ernsthaft als Arbeit betrachtet werden, sondern nur als Hobby. So leben viele heute ihre wichtigsten Talente, ihre Neigungen und Leidenschaften in Vereinen, im Sport oder in extremen Fällen auch in Süchten und nicht in ihrer beruflichen Tätigkeit aus.

Viele von uns denken, dass alles, was leicht geht und Freude macht, ehrenamtlich geschehen müsse, für so etwas könne man keine direkte finanzielle Wertschätzung entgegennehmen. Die meisten glauben nicht, dass gerade das, was Spaß macht und Freude bereitet, gerade das ist, womit man am einfachsten Geld verdienen könne. Deshalb denken viele, sie müssten etwas Ernstes und Vernünftiges machen, einen Beruf erlernen, sich um einen Arbeitsplatz bewerben und so Geld verdienen.

Außerdem entstand ein ungesundes oder ambivalentes Verständnis zum Thema Geld. Reichtum zu erwerben, wurde einerseits mit der Zeit mit negativen Dingen verbunden. Im Bewusstsein der Menschen verbreitete sich, dass es oft nur mit ungerechten Sachen zugehen kann, wenn jemand vermögend wird. Viele denken: „Geld ist die Wurzel allen Übels und verdirbt den Charakter."
Nicht das Geld ist die Wurzel allen Übels, sondern die Habgier. Die Gier und die Sucht nach immer mehr, das sind die Wurzeln allen Übels. Es ist egal, ob man immer mehr Geld will oder immer mehr Aufmerksamkeit, immer mehr Anerkennung, immer mehr Macht oder immer mehr Ruhm.
Andererseits ist der Wunsch in den Menschen da, vermögend, erfolgreich oder reich zu werden. Die das auch erreichen, stehen interessanterweise entweder dazu oder streiten es heftig ab. Ein anderer Ausdruck für diesen Wunsch ist, man möchte ohne Sorgen leben oder alles haben, was man braucht.

Wenn man nicht weiß, wie es geht, aus der Fülle heraus ein Leben führen zu können, denkt und erlebt man oft, dass Reichtum nur auf Kosten von sich selbst, der Gesundheit, der Familie oder anderer möglich sei.

Der für uns entscheidendste Grund ist, warum wir nicht nach unserer Berufung suchen, dass wir oft noch nicht wirklich erkannt haben, wer wir wirklich sind und wie wertvoll wir auch für andere sind. Wir kennen unseren Partner, unsere Kinder, Freunde oder berühmte Persönlichkeiten oft mehr als uns selbst. So beschäftigen sich Unternehmer oder Geschäftsführer mehr mit dem Markt oder den Konkurrenten und kennen sie dadurch auch besser, als dass sie sich ihrer Einzigartigkeit und der riesigen schlummernden Potenziale der Mitarbeiter bewusst sind. Und was alles aus der eigenen Einzigartigkeit entstehen kann, beweisen viele Tag für Tag. Sehen wir diese Beispiele überhaupt?
Da wir uns und/oder unser Unternehmen oft viel zu wenig kennen, definieren wir uns durch das, was wir tun oder haben. So lassen wir unseren Wert durch unsere Tätigkeit oder Geld, Position, Ruf, Macht, Marktanteile und Einfluss definieren. Wenn wir in diesen Bereichen unserer Einschätzung nach zu wenig haben, fühlen wir uns wertlos, nutzlos oder unterlegen. Wir machen unseren Wert also von äußeren Faktoren abhängig.

Wir sollten uns und andere und besonders unsere Kinder öfters fragen: „Wer bist du?“ und nicht „Was machst du?“ oder „Was hast du?“

Wenn wir die Kinder fragen: „Was möchtest du werden?“, dann sagen wir auch: „Du bist jetzt noch nichts.“ Wir wissen, dass sich diese Frage meistens auf den Beruf bezieht. Wenn wir fragen: „Wer bist du und wie kann ich dich dabei unterstützen, das zu leben, wer du bist?“, lenken wir das Bild von den Kindern über sich in eine ganz andere Richtung.

Dazu ein Beispiel: *Ein Bekannter hat einem achtjährigen Jungen geholfen, sein erstes Buch zu veröffentlichen, er hatte bereits mehrere geschrieben. Ein zwölfjähriger Junge, der Schauspieler ist, hat mit ihm ein Interview gemacht. Der Zwölfjährige fragte den Achtjährigen in diesem Interview: „Wenn du jetzt mit der Schule fertig bist, willst du eine Ausbildung zum Autor machen?" Der Achtjährige antwortete: „Bist du verrückt? Ich BIN ein Autor."* Ihm ist die Art seines Wirkens bewusst, das ist sicher.

Wenn wir unseren Wert von äußeren Faktoren abhängig machen, wollen wir auch die äußeren Faktoren verändern, wenn wir mit unserem Wert oder den Ergebnissen unseres Unternehmens noch nicht ganz zufrieden sind.

Wir besuchen Seminare, wo wir uns verschiedene Methoden aneignen wollen, wie wir mehr Geld, Erfolg oder Zeit erlangen können, um so unseren Wert aufzupolieren. In vielen Workshops lernen wir leider immer noch, was wir alles noch tun oder lassen sollten, damit wir da ankommen, wo wir ankommen möchten. Oder wir lernen, wie wir uns noch verändern sollten, damit wir endlich die erfolgreiche Person sind, die wir sein möchten. Zuerst haben wir in den Schulen gehört, dass wir etwas lernen sollten, damit etwas aus uns werden würde. Wir bräuchten gute Noten, damit wir es zu etwas bringen würden. Dann geht es oft genauso weiter in der Erwachsenenbildung.

All diese Sachen sagen uns, dass wir so, wie wir sind, noch nicht wertvoll, gescheit oder gut genug sind. Wir brauchen noch etwas, es fehlt noch etwas bei uns. Deshalb sind viele immer auf der Jagd nach Weiter- oder Ausbildungen, nach dem nächsten Diplom oder einem staatlich anerkannten Abschluss. Das soll anderen zeigen, was wir können, wer wir sind. Gibt es auch einen anderen Weg?

Es ist wirklich einfach, wenn wir wissen, wie es geht!

Die größte Überraschung war für mich (Szilvia), als ich erkannte, **dass man die Berufung von Geburt an in sich trägt. Man kann sie sich nicht an einer Schule oder Uni, in einer Ausbildung oder in einem Kurs aneignen oder erlernen.** Man kann auch nicht dafür zahlen und sie so erwerben. Die Basis unserer Berufung als spezifisches Wirken von uns sind extrem spezifische Gaben. Wir nennen sie göttliche Gaben, da sie jedem von uns spezifisch geschenkt worden sind, wir können für sie nichts tun. Wir haben diese Gaben einfach bekommen, sie sind in uns. Wenn wir bestimmte Gaben nicht haben, können wir alles dafür tun, sie zu bekommen, es wird uns nicht gelingen. Unsere eigenen Gaben haben wir bisher unbewusst immer wieder erlebt, vielleicht in Form von Inspiration oder Bauchgefühl oder als ein Geistesblitz. Wir haben etwas gewusst oder gespürt und kein anderer in unserer Umgebung hat uns dabei verstanden.

Was wir lernen sollen, ist nicht die Berufung, sondern diese Berufung in einem bestimmten Rahmen umzusetzen. Natürlich lernt ein Schreiner, wie er hobeln muss oder ein Heilpraktiker, wie der menschliche Körper funktioniert. Die Berufe sind eine Möglichkeit, wie wir unserer Berufung Ausdruck verleihen, sie sind ein Rahmen für unsere Berufung.

Der Schlüssel zu unserem wahren Wert ist unser Sein, unsere wahre Identität. Wir sind wertvoll, weil wir sind und nicht, weil wir etwas leisten oder wegen der Früchte unserer Leistung.

So müssen wir nicht mehr zu einer besseren oder erfolgreicheren Person werden oder uns bestimmte Methoden oder Techniken dazu noch aneignen, damit wir weiterkommen.

So wie wir geschaffen sind, sind wir gut genug, einzigartig genug und wertvoll genug. In uns wurde ein Reichtum von Werten, Gaben, Talenten und Fähigkeiten investiert. Sie warten nur darauf, von uns erkannt, wertgeschätzt und gebraucht zu werden.

Wir haben alles für unser Leben bekommen, so wie im Samenkorn einer Eiche alles enthalten ist. Wir werden nie mehr etwas dazu bekommen. Unsere Aufgabe ist es nur, dass wir entdecken, was wir alles in uns haben. Wir dürfen auch lernen, damit umzugehen, um damit ein Segen oder eine Hilfe für uns und andere zu sein. Man nennt es auch Nutzen stiften.

Im Leben geht es darum zu erkennen, was alles in uns hineingelegt wurde! Es geht nicht darum, noch mehr zu lernen oder noch mehr zu tun! Machen wir uns auf die Reise in unser Innerstes, um die Fülle und den Reichtum in uns kennenzulernen!

Wo finde ich meine Berufung?

Die meisten von uns orientieren sich bei der Entscheidung für eine berufliche Tätigkeit im Außen und suchen dementsprechend auch im Außen und meistens nicht in sich selber. Wir beschäftigen uns mit den Fragen: „Welche Branchen sind zukunftsträchtig? Wo gibt es Marktlücken? Was gibt es in meinem Ort noch nicht? Welche Nöte, Probleme sind in meiner Umgebung zu lösen?" Oder ganz einfach: „Wo können wir gutes Geld verdienen?"

Uns wird gesagt, dass wir gute Noten bräuchten, damit wir eine gute Ausbildung machen oder erfolgreich unser Studium abschließen könnten. So bekämen wir einen sicheren Arbeitsplatz oder würden Karriere machen können. Es kann aber auch sein, dass der elterliche Betrieb oder die Praxis schon bei unserer Geburt auf uns wartete. Oder wir dürfen einfach die Träume, die unsere Eltern hatten und nicht realisierten, deren Erwartungen entsprechend verwirklichen. Es könnte aber auch sein, dass wir einfach einen Beruf für uns suchen, ohne uns viele Gedanken über uns, unser Leben und unsere Zukunft zu machen.

Nur wenige werden von den Eltern, Lehrern oder guten Bekannten gefragt, was für ein Leben sie leben möchten, was sie wirklich tun wollten oder welchen Traum sie in ihrem Herzen verborgen hielten. Wenn sie das aber irgendwann einmal preisgeben, werden nur wenige von ihnen ermutigt oder sogar unterstützt, diesen speziellen Weg einzuschlagen.

Viele wissen bis zu einem bestimmten Zeitpunkt ihres Lebens nicht, dass es für sie und auch für jeden anderen einen speziellen Plan gibt, eine Berufung. Und dass es sich mehr als alles andere lohnt, sie zu entdecken.

Die Berufung kann man nicht im Außen finden, indem man die Chancen eines Berufs, einer Branche oder der verschiedenen Märkte analysiert. **Wir finden unsere Berufung, indem wir eine Reise in unser Innerstes unternehmen, um die Sehnsüchte in unseren Herzen, unsere göttlichen Gaben und den eigenen Reichtum kennenzulernen. All das wurde in uns hineingelegt.**

Wenn wir uns in der Form kennenlernen, hilft es uns, zu unserem eigenen Wert zu stehen und einfach zu unserem gigantischen Wert, zu unserem Sein, JA zu sagen.

In unserem Herzen finden wir auch ein Verlangen, etwas Bestimmtes bewegen zu wollen oder Bedürfnisse, etwas in unserem Leben – und auch in dem von anderen – positiv zu verändern.

Wir erkennen in uns immer mehr, was uns von innen immer wieder in eine bestimmte Richtung zieht. So werden uns unsere Träume und Visionen immer greifbarer.

Wir erkennen wiederum durch diese Reise in unser Innerstes auch immer mehr, was alles in unserer Schatzkiste und Werkzeugkiste enthalten ist. In unserer Schatzkiste sind einzigartige Schätze, Einzelstücke wie eine Krone eines Landes, die nur wir haben. Es findet sich kein Modeschmuck da drin. Enthalten sind z. B. unsere göttlichen Gaben oder unser einzigartiges Gespür oder Wissen, wie wir bestimmte Sachen wahrnehmen oder einfach wissen. In unserer Werkzeugkiste sind unsere Werkzeuge. Das sind Fähigkeiten und Stärken, die wir für die Umsetzung unserer Berufung zusätzlich bekommen haben. Das sind Fähigkeiten wie Kommunikationsstärke oder Organisationstalent. Diese Werkzeuge haben natürlich auch andere.

Wenn wir all den Reichtum in unserem Innersten erkennen, geht es darum, diesen inneren Reichtum mit unserer Außenwelt in einer Art und Weise zu verbinden, die unserem Wesen

Im Leben geht es darum zu erkennen
was alles in uns hineingelegt wurde!

Es geht nicht darum,
noch mehr zu lernen oder
noch mehr zu tun!

Machen wir uns auf die Reise
in unser Innerstes,
um die Fülle und den Reichtum
in uns kennenzulernen!

entspricht. So entdecken wir den oder die Rahmen, in dem bzw. denen wir mit unserer Berufung wirken dürfen.

Diese Rahmen können Berufe, Projekte, Visionen, Träume oder Unternehmen sein, in die wir unsere Berufung in Form von Selbstständigkeit oder als Angestellte, Gesellschafter oder Eigentümer eines Unternehmens einbringen.

Es kommt nicht auf die Rechtsform an, sondern darauf, dass wir uns unserem einzigartigen Wirken bewusst sind. So wird dieses Wirken sowohl in unserem beruflichen als auch in unserem privaten Leben ganz normal seine außergewöhnlichen Auswirkungen haben. So brauchen wir nicht mehr Berufliches und Privates zu vereinbaren, durch unsere Berufung werden diese zwei Bereiche zusammengeführt und erweitert. Unsere Berufung wird nämlich nicht nur am Arbeitsplatz, in der Geschäftswelt oder in der Familie sichtbar, sondern sie eröffnet uns unendliche Möglichkeiten zum Wirken nach unserem Herzen.

Unsere tiefsten Sehnsüchte verführen uns
nicht, sie führen uns,
wenn wir sie wahrnehmen und ihnen
immer mehr Raum geben,
unserer Berufung jeden Tag näher!

Unsere tiefsten Sehnsüchte mobilisieren uns in Richtung Berufung!

Unsere tiefsten Sehnsüchte verführen uns nicht, sie führen uns, wenn wir sie wahrnehmen und ihnen immer mehr Raum geben, unserer Berufung jeden Tag näher!

Oft ist das Wissen um unsere Gaben und Sehnsüchte oder das Verlangen in unserem Herzen durch uns und andere soweit geschwächt, dass wir ihre Existenz nicht einmal mehr wahrnehmen. Eine dicke Schicht Asche von Kritik, Ablehnung, Zweifel und Unsicherheit bedeckt die in uns flackernde Glut und versucht, sie zu ersticken.

Es könnte auch sein, dass wir unsere Berufung oder unseren Auftrag schon immer geahnt haben, aber unsere Vernunft, die Erwartungen oder Meinungen anderer oder gesellschaftliche Zwänge haben uns bisher davon zurückgehalten. Besser gesagt: Wir haben es zugelassen, dass diese uns zurückhalten konnten.

In dem Moment aber, wo wir die Entscheidung treffen oder schon davor, wenn wir offen dafür werden, diesem Wollen nachzugeben, unseren Auftrag oder unsere Berufung zu entdecken, bekommt die Glut plötzlich Sauerstoff und wird zu einer kleinen Flamme.

Wenn wir beginnen, Schritte in diese Richtung zu tun, wird aus dieser Flamme ein richtiges Feuer. Dieses Feuer verzehrt uns aber nicht, das ist das Feuer der Begeisterung, das Feuer, das auch andere ansteckt, das wärmende Feuer, was wir zum Leben brauchen. Dann lernen wir, diese Werte, Sehnsüchte, Gaben und Talente wirklich wertzuschätzen und sie für uns selbst und zum Wohle anderer wirken zu lassen.

Wir entdecken Schritt für Schritt, dass wir eine sprudelnde Quelle von Werten, Gaben und Fähigkeiten sind, wozu wir sie bekommen haben und wie wir unsere Berufung umsetzen können.

Genau diese spezifischen und einzigartigen Werte, wie unsere Gaben und Talente, brauchen bestimmte Menschen in unserer Umgebung, damit sie ihr Leben nicht nur in den Griff bekommen, sondern total ins Positive verändern. Dieses Wissen und das Handeln danach führen uns auch zum finanziellen Fluss, der ganz natürlich ist.

Auf diese Bereiche gehen wir in den folgenden Kapiteln detaillierter ein. Davor aber ist es ratsam zu wissen, wer uns berufen hat und wozu genau wir berufen sind. Es ist immer gut zu wissen, wer der Auftraggeber ist.

Wer hat uns berufen? Und wozu?

Wenn wir wissen, wer uns beruft, können wir mindestens rückfragen, wenn wir nicht mehr weiter wissen.

Wir haben für uns erkannt, dass unser Schöpfer uns berufen hat. Er gab uns einen bestimmten Auftrag und Er hat uns so geschaffen, dass wir diesen Auftrag auch erfüllen können. Wenn wir wissen, dass unser Auftraggeber unser Schöpfer selbst ist, können wir Ihm ganz konkrete Fragen stellen und Er antwortet sehr gerne. Er hat das meiste Interesse daran, uns unseren Auftrag zu zeigen. Er hat uns nämlich aus diesem Grund hier auf diese Erde geschickt.

Wir haben für uns erkannt, dass wir in erster Linie in eine liebevolle Beziehung in die Familie Gottes, unseres Schöpfers, berufen sind. Wir sind seine Kinder und es besteht zwischen Ihm und uns kein Arbeitsverhältnis. Wir sind nicht seine Mitarbeiter oder sogar Diener, sondern wir sind seine Kinder. Er ist unser liebevoller Vater. Er ist nicht der zornige, strafende oder einschränkende Vater, so wie die Religion Ihn uns „näherbringen" wollte.
Das macht einen großen Unterschied in unserem Sein und in Folge dessen in den Auswirkungen auf unseren Alltag aus: Ein Leben in der Freiheit oder in der Abhängigkeit.

Wir haben für uns ebenfalls erkannt, dass wir in der Beziehung zu unserem Vater im Himmel auch zur Freiheit berufen sind. Wie gut ist das! Hauptsächlich heute, wo viele versuchen, die Menschen in Abhängigkeiten zu führen oder zu halten. In Abhängigkeiten von Rohstoffen, Energie oder von Finanzen. Die gute Nachricht ist, dass wir einen freien Willen bekommen haben. Ja oder nein zu sagen dazu, was wir in unserem Herzen haben. Wir dürfen alles, was wir tun oder lassen, aus diesem freien Willen heraus tun oder lassen. Wir können uns frei entscheiden, was wir tun oder lassen, was wir kaufen oder nicht kaufen. Wir können uns frei entscheiden, wo wir sind, mit wem oder für wen wir arbeiten. Je mehr wir erkennen, was wir wirklich wollen und dazu stehen, indem wir unsere Verantwortung in diesem Bereich wahrnehmen, desto mehr erleben wir diese Freiheit in unserem Leben. Ist das ein Prozess? Ja! Er beginnt mit unserer Entscheidung und mit dem ersten Schritt, den wir setzen. Und wir können uns bereits nach der Entscheidung auf die bald zu erlebende Freiheit freuen. Es gibt natürlich Bereiche in unserem Leben, wo wir diese Freiheit schon leben und in anderen Bereichen steht sie kurz bevor. Dafür zwei Beispiele aus unserem Leben.

In Ungarn habe ich (Szilvia) mit 21 Jahren eine Sprachschule in zehn Städten und Gemeinden mit zehn Lehrern aufgebaut. Ich habe immer nur die Menschen unterrichtet, die das wirklich wollten und bereit waren, dafür etwas zu tun. Die Menschen, die aus falscher Motivation in unsere Sprachschule kamen, weil z. B. nur die Eltern oder der Chef wollten, dass sie Fremdsprachen lernen, sie persönlich aber nicht wirklich, haben von mir einen Korb bekommen. Habe ich dadurch Geschäfte verloren? Natürlich. Die Ergebnisse von den anderen Schülern sprachen aber für sich und das hatte die Folge, dass wir ständig ausgebucht waren. Ich habe damals nicht bewusst diese Entscheidung getroffen, ich war naiv und deshalb auch mutig genug. Diese Art von Naivität ist sehr geschäftsfördernd. Die Freiheit, mit wem ich zusammenarbeite, habe ich schon sehr früh genießen dürfen.

Die Freiheit im Bereich der Energiegewinnung und Speicherung in der „Volksbatterie" nach dem Motto „Mein Haus, meine Energiequelle" steht uns z. B. noch bevor. Wir haben aber die Entscheidung getroffen und gehen in diese Richtung.

Wir haben auch erkannt, dass unser Vater im Himmel uns zu guten Werken berufen hat. Diese guten Werke entstehen, wenn wir unsere Berufung als dieses spezifische Wirken aus unserem Sein heraus einsetzen.

In dem letzten Kapitel legen wir den Fokus auf dieses spezifische Wirken, durch das die guten Werke entstehen können, zu denen wir berufen sind.

Wir sind fähig, unser Leben frei zu gestalten!

Gott möchte, dass wir in Freiheit, Freude und Fülle leben. Er hat uns einen freien Willen gegeben, das ist unser höchstes Gut, damit wir uns frei entscheiden können, wann wir und was wir machen, mit wem wir unsere Zeit verbringen, in wen wir investieren wollen. Er möchte, dass wir uns frei entscheiden, wohin unsere Finanzen fließen. Wir können also frei entscheiden, was wir mit unserem Leben anfangen. Das ist der Wille unseres Schöpfers.

Stattdessen erleben wir in vielen Bereichen unseres Lebens eine Art Abhängigkeit. Abhängigkeit vom Arbeit- oder Auftraggeber, von Mitarbeitern oder Kollegen, von Investoren und Finanzgebern, von Energiekonzernen oder der Meinung von anderen, also von gesellschaftlichen Zwängen. Diese Aufzählung könnten wir noch weiter fortsetzen, aber es macht keinen Sinn. Wir unterlassen bestimmte Sachen, die wir wirklich tun möchten, weil wir unseren Status, einen guten Ruf oder unsere Position verlieren könnten. Oder unser Image, Sicherheiten oder Finanzen.

Unser Schöpfer hat uns nicht nur freien Willen gegeben, damit wir unser Leben frei gestalten können, sondern Er hat uns auch fähig gemacht, ein selbstbestimmtes Leben führen zu können. Er investierte dafür einen gigantischen Reichtum in Form von Gaben, Talenten usw. in uns, damit wir unsere Herausforderungen lösen können und Hilfe und Bereicherung für andere sind.

Natürlich gibt es Kräfte, die gegen diese Freiheit wirken, die uns in Abhängigkeit führen und da halten wollen. So haben diese Kräfte uns unter Kontrolle. Sie können uns aber nur kontrollieren oder abhängig machen, wenn wir mitmachen und es zulassen. Wenn wir irgendwelche Abhängigkeiten haben, sind wir in unserer Bewegungsfreiheit gelähmt. Wir können nichts oder nur viel weniger bewegen als das möglich wäre. Wir beschäftigen uns ständig mit uns selber, damit wir überleben. Die guten Werke zu tun, zu denen wir berufen sind, dazu kommen wir nur eingeschränkt.

Wenn wir aber tun, was wir aus unserem Herzen heraus tun wollen, können wir auf all die Potenziale in uns zugreifen, die wir aus dem Grund bekommen haben, dass wir bestimmte Sachen in unserem und im Leben von anderen bewegen, erreichen und aufbauen. So erleben wir immer weniger Abhängigkeit und immer mehr Freiheit.

Unser Vater im Himmel unterstützt uns sogar dabei. Wenn wir keine Kraft haben, gibt Er uns Seine Kraft. Er sagt dazu: „Meine Gnade genügt dir."

Unser Vater im Himmel unterstützt uns meistens durch Menschen. Wir treffen immer wieder auf Menschen, die wir gerade bei unseren nächsten Schritten brauchen. Wir suchen nicht wirklich nach ihnen, sie kommen immer wieder auf uns zu. Türen werden geöffnet, wo bisher keine Türen zu sehen waren. Beziehungen entstehen in einem Tempo, das normal nie möglich wäre. Lösungen in unserem und im Leben anderer werden auf einmal sichtbar.

Teil II.

Wir sind alle ein Teil eines Ganzen, auch du!

Gott hat uns – Gott sei Dank – nicht alleine geschaffen, sondern Er hat viele andere auch geschaffen und für sie gilt das Gleiche wie für uns. Er ist kein Anseher der Person, heißt es in der Bibel, Er macht also keinen Unterschied zwischen uns.

Wir machen unseren und den Wert anderer oft von Leistung oder den Früchten aus der Leistung abhängig.

Aus der Sicht des Seins sind wir alle gleich wichtig und auch gleich wertvoll. Ich weiß, dies ist keine gute Nachricht für diejenigen, die denken, sie seien wertvoller oder wichtiger als andere. Es gibt viele Menschen, die ihren Wert noch nicht erkannten. Sie unterdrücken oder halten oft gerne andere in ihrem Umfeld klein, um sich dadurch wertvoller fühlen zu können. Wenn jemand erkannte, dass er selbst wertvoll ist, braucht er andere nicht mehr zu unterdrücken, kritisieren oder klein zu machen. Wenn wir uns für wertvoll erachten, dann wissen wir auch andere zu schätzen.

Es gibt auch keine höheren oder niedrigeren Berufungen, die Berufungen unterscheiden uns voneinander und ziehen unterschiedliche Verantwortungen und Verpflichtungen mit sich.

Die Berufungen sind auch gleich wertvoll, nur ihre Auswirkungen sind unterschiedlich. Auf die Berufung hin kann jeder sein Leben neu ausrichten und extrem viel daraus machen. Aus der Berufung etwas zu machen, liegt wiederum in der eigenen Verantwortung.

Wie hat unser Schöpfer das Zusammenspiel der Menschen gedacht? Stellen wir uns einen Organismus vor, z. B. unseren Körper. Unser Körper besteht aus ca. 75 Billionen Zellen. Jede Zelle im Körper weiß, was ihr Auftrag ist, wo sich ihr Platz im Organismus befindet. Sie weiß auch, wie sie die anderen unterstützen kann.

Einige Zellen haben den gleichen Auftrag und eine ähnliche Aufgabe, sie gehören also z. B. zu einem Organ und führen ihre Aufgaben gemeinsam aus. Jede Zelle stiftet für sich und für seine Umgebung den höchstmöglichen Nutzen.

Eine einzige Zelle allein könnte nie den Auftrag z. B. der ganzen Leber übernehmen. Die Zellen brauchen einander, um gemeinsam den Auftrag zu erfüllen. Unter den Zellen eines Organs gibt es auch keine Konkurrenz oder keinen Neid, geschweige denn Mobbing, obwohl sie in der gleichen „Branche" tätig sind und etwas Ähnliches tun.

Wenn eine Zelle durch Fehlinformationen vergisst, was sie zu tun hat, was ihre Aufgabe ist, setzt der Körper jede Kraft dafür ein, dass diese Zelle wieder gesunden kann. Die Zellen wissen, dass der Körper so stark wie seine schwächste Stelle ist.

Da die Zellen wissen, wo ihr Platz im Organismus ist, sagt keine der Zellen in einem gesunden Körper: „Ich will keine Herzzelle sein, ich will lieber eine Zelle in der Lunge werden."
Da die Zellen die anderen Zellen auf ihrem Platz lassen und damit in deren Verantwortung, sagen z. B. die Herzzellen nicht: „Wir verstehen nicht, warum der Darm sich um so einen Dreck kümmert." Die Herzzellen sind wahrscheinlich sogar dankbar, dass der Darm aus der Nahrung alles Gute aufnimmt, um das Herz und die anderen Zellen mit Nähr-

stoffen zu versorgen und die Giftstoffe aus dem Körper auszuscheiden.

Das Herz muss nicht verstehen, was der Darm macht oder umgekehrt, damit es und der gesamte Körper gut funktionieren können. Das Herz beschäftigt sich auch nie direkt mit dem Knie, hat aber immer Einfluss auf das Knie und den ganzen Organismus. Es tut aus seiner Berufung heraus alles, damit es ihm und den anderen Zellen im Körper gut geht.

Das Herz tut aber nur seinen Auftrag. Ihm fällt nicht einmal ein, dass es sich auch noch um frische Luft in Form von Sauerstoff kümmern sollte, obwohl das Herz ihn dringend braucht. Das Herz weiß, dass dies der Auftrag der Lunge ist.

Alle Zellen sind winzige Teile des Körpers, zusammen bilden sie ein Ganzes, eine komplette Einheit.

Es gibt dieses neue Miteinander!

Aus diesem Beispiel wird sichtbar, dass wir alle einander brauchen. Wir sind sogar abhängig vom anderen, da wir die Gaben voneinander benötigen. Wir haben welche, die andere brauchen und wir brauchen einige von anderen, wenn wir ehrlich zu uns sind. Diese Art von Abhängigkeit ist eine gute Abhängigkeit, da sie nicht auf Kosten des Einzelnen aufgebaut ist.

Wir brauchen die Gaben von anderen, um unsere Berufung zu finden und diese auch umzusetzen. Wenn wir bisher unsere Berufung alleine nicht erkannt haben, ist es vielleicht weise, hier die Gaben von anderen in Anspruch zu nehmen. Wir brauchen auch andere, die unsere Gaben in Anspruch nehmen wollen. So kann jeder seine Berufung ausleben. Wenn wir unseren Platz entdeckt haben, können wir ihn erst in der Gemeinschaft ausfüllen.

Wenn wir unsere Berufung gefunden haben, finden wir im nächsten Schritt heraus, für wen wir berufen sind und für wen nicht. Wir wissen dann ganz genau, wen wir ergänzen können und wer uns ergänzen kann. Wir wissen, wer oder was zu uns passt und wer oder was nicht.

Wir entdecken unsere Träume und Visionen in unserem Herzen. Wir haben Ideen, in welchem Rahmen wir unsere Berufung einsetzen können. Wenn das noch nicht der Fall war, wäre es wiederum weise, die Gaben von anderen genau hier in Anspruch zu nehmen.

Immer mehr Menschen kommen infolge unserer Vision und/oder Berufung auf uns zu. Sie haben ähnliche Visionen. Wir brauchen einander. Wir alle zusammen führen so einen großen Auftrag aus.

So entsteht aus der Gemeinschaft um uns herum ein ganz neues Miteinander. Ein Miteinander, dessen Basis die Berufung des Einzelnen ist und nicht mehr „nur“ gemeinsame Interessen wie z. B. Gewinnmaximierung, gemeinsame Visionen, Hobbys oder diverse andere Ziele. Diese verändern sich mit der Zeit und das Nebeneinander – oder noch schlimmer – das Gegeneinander ist vorprogrammiert. Mit dem Beispiel des Körpers tritt Krankheit auf. Wenn lange genug in einer Organisation, Familie oder im Unternehmen ein Neben- oder Gegeneinander herrscht, führt das – genauso wie im Körper – zum Tod.

Was macht dieses neue Miteinander aus?

Dieses neue Miteinander verlangt nach ganz neuen Strukturen, nach Strukturen, die flexibel und beweglich genug sind, die Vielfalt und das Wachstum der Menschen zu fördern. Diese Strukturen entstehen in der Liebe und im Vertrauen organisch und natürlich. Die Strukturen, die jede Art von Veränderung stoppen und deren Ziel es ist, das Bestehende zu konservieren, die entstandene Ordnung aufrechtzuerhalten, sind in der heutigen Zeit nicht mehr lange lebensfähig. Genauso verhält es sich mit Strukturen, die künstlich aufgebaut und von oben übergestülpt werden, ohne die unendlichen Potenziale der Menschen dabei zu berücksichtigen und den nötigen Platz für Wachstum einzuräumen.

Dieses neue Miteinander verlangt auch nach einem ganz neuen Führungsstil. Die Zeiten, wo einer den anderen sagt, wo es langgeht, die sind vorbei. Jeder, der die Verantwortung für sein Leben aufnimmt, weiß, wo es für ihn langgeht und weiß auch, dass er ein Teil eines Ganzen ist und handelt dementsprechend. Im neuen Miteinander werden die Menschen nicht von Strukturen oder Verhaltensregeln zusammengeführt und zusammengehalten, sondern das Bindemittel dieses Miteinanders ist das Vertrauen.

Vertrauen kann man nicht erarbeiten oder verdienen. Wenn wir erkennen, dass wir dem Göttlichen in uns vertrauen können, dann können wir uns auch vertrauen. **Wenn wir uns vertrauen, erst dann können wir auch anderen vertrauen.** Unser Schöpfer hat all den Reichtum und das Göttliche in uns investiert, das wir in unserem Leben brauchen und brauchen werden. Und das Gleiche hat er auch bei den anderen bewirkt.

Wir vertrauen darauf, dass jeder Einzelne in seiner persönlichen Berufung von seinem Schöpfer direkt geführt und geleitet ist. Wir brauchen nicht zu verstehen, warum andere bestimmte Dinge tun. Es ist genug, darauf zu vertrauen, dass auch wenn unserer Meinung nach Fehler passieren, trotzdem das passieren wird, was für jeden zum Besten dient. Sind wir einmal ehrlich: Wer unter uns könnte wirklich beurteilen, ob Fehler passieren? Aus den größten Fehlern unseres Lebens haben wir doch hoffentlich extrem viel gelernt. Wir brauchen keine Angst mehr zu haben, wenn wir aus diesen Situationen immer wieder dazulernen.

Dieses Vertrauen schweißt die Berufenen zusammen. Statt Kontrolle und „Motivation von außen" ermutigen und stärken wir einander.

Diese Art von Vertrauen, das Urvertrauen in unseren Schöpfer, in uns und dadurch in Menschen, mit denen wir zu tun haben, ist für viele von uns völlig neu und scheinbar sehr riskant. Das wissen wir. Aber wir sind überzeugt, dass das ein wichtiger Schlüssel ist, dieses neue Miteinander zu erleben.

Unser Vater im Himmel ist allmächtig genug, jeden Einzelnen von uns in seiner Berufung zu führen. Er hat all die „Fehler" von uns allen schon einkalkuliert auf unserem Weg. Er weiß, dass unsere „Fehler" zu unserer Entwicklung gehören. Können wir auch zulassen, dass all die anderen um uns herum ihre „Fehler" und ihre Erkenntnisse selbst machen können? Auch dann, wenn diese „Fehler" genau im Umgang mit uns passieren?

Dieses neue Miteinander verändert auch das übliche Modell der Umsetzung von Visionen. Meistens gab es einen Hauptvisionär. Dieser hat dann Menschen gefunden oder motiviert, seine Vision mit umzusetzen. Es ist gängig, dass der Eigentümer oder Geschäftsführer einer Firma eine Vision hat. Er stellt Mitarbeiter ein, damit sie mit ihm zusammen diese Vision umsetzen.

Im neuen Miteinander gibt es eine Hauptvision, die Vision Gottes – und Er hat Teile von dieser Vision Menschen gezeigt. Gemeinsame Teil-Visionen führen Menschen zusammen und verbinden sie.

Im neuen Miteinander werden Menschen zusammengeführt anhand einer Vision, die jeder von ihnen in irgendeiner Art und Weise in seinem Herzen trägt. Ihre Berufungen wirken ergänzend und stärkend aufeinander ein. Die individuelle Berufung zeigt die Zuständigkeiten und Verantwortungen innerhalb dieser gemeinsamen Vision. Sie zeigt aber auch, wofür der Einzelne nicht zuständig ist.

Diese Gruppe von Menschen setzt eine gemeinsame Vision als Mitunternehmer um. Es geht nicht darum, dass eine Person andere dazu benutzt, seine „eigene" Vision aufzubauen, sondern jeder weiß, was sein Auftrag ist und ergänzt andere Gruppenmitglieder, um eine gemeinsame Vision zusammen zu realisieren.
Es geht hier für uns nicht darum, ob jemand rechtlich gesehen Unternehmer oder Angestellter ist. Natürlich braucht man gesetzliche Rahmen, um bestimmte Sachen umzusetzen, aber es geht für uns hauptsächlich um die innere Einstellung der Menschen, die zusammenwirken.

Diese Art des Zusammenwirkens ist schon in der Wirtschaft voll im Gange. Vom „Mitarbeiter" werden immer mehr Menschen zum „Mitunternehmer", vom „Lohnempfänger zum Gewinnbeteiligten". In vielen Unternehmen ist es auch gewollt, dass die Mitarbeiter die Einstellung eines Mitunternehmers haben. Immer mehr Eigentümer sind auch für eine gemeinsame Wertschöpfung bereit. Je mutiger wir die zu uns passenden Lösungen der gemeinsamen Wertschöpfung umsetzen und leben, desto stärker werden die Auswirkungen dieses Zusammenwirkens in unserem Leben und im Leben der Gemeinschaft.

EINS-Sein, ein Schlüssel für das neue Miteinander

Es gibt viele Möglichkeiten, wie man das Zusammenwirken in Unternehmen und anderen Organisationen bzw. das Zusammenleben in Familien gestaltet.
Über ein Neben- oder Gegeneinander brauchen wir hier nichts zu schreiben, jeder von uns hat es bereits in irgendeiner Weise irgendwo erlebt.

Die Berufung von mir (Reinier) hat sehr viel mit diesem neuen Miteinander zu tun. Meine Frau bemerkte es, weil es mich immer traurig gestimmt hat, wenn das Miteinander unter den Menschen, die ich mochte, nicht klappte. Lange Zeit habe ich die anderen nicht verstanden, wieso sie Abstand nehmen, wenn sie etwas nicht verstehen oder sehen können.

Jahrelang habe ich meinen Weg alleine gehen müssen und habe nicht so viele Menschen um mich herum gehabt, die meinen Weg verstanden. Dann traf ich meine Frau und Schritt für Schritt immer mehr Menschen, die ähnliche Wege gegangen sind.

Mit diesen Menschen entstand langsam ein neues Miteinander. Zuerst in unserer Ehe, in unseren Familien und mit unseren besten Freunden. Der Kreis erweiterte sich immer mehr. Wir erleben heute dieses neue Miteinander und sind dankbar, erleben zu dürfen, wie gut es jedem tut, wie gut man so vorankommt.

Dieses Miteinander begann – wie jede Veränderung – in mir. Es ging und geht darum, dass ich dieses Miteinander selbst lebe, der Rest entsteht mit den anderen. Auch das neue Miteinander beginnt nicht bei den anderen, sondern es beginnt in mir.
Ich bemerkte, dass die alte Art von Miteinander meistens nur solange gut funktionierte, sofern keine Herausforderungen auftraten. Diese Art des Miteinanders funktioniert nur, wenn ich und die anderen alles richtig machen oder die Vorstellungen aller deckungsgleich sind. Deshalb

Auch das neue Miteinander beginnt
nicht bei den anderen,
sondern es beginnt in mir.

habe ich immer wieder erlebt, wie eingeschränkt diese Art von Miteinander wirklich ist.

Die entscheidendste Erkenntnis für mich auf dem Weg zu dem neuen Miteinander war, dass wir alle ein Teil – und zwar ein wichtiger Teil – eines Ganzen sind und nicht irgendwann werden.

Wenn wir alle ein Teil eines Ganzen sind, dann sind wir auch EINS miteinander. So wie die Zellen ein Teil eines Ganzen sind, sind sie EINS in der Einheit des Körpers.

In diesem EINS-Sein hat jeder die Verantwortung für sich UND die Gemeinschaft. Wie jede Zelle seinen eigenen Auftrag kennt UND auch weiß, wie sie der Gemeinschaft dient.

Immer wieder erleben wir, dass Menschen sich NUR für sich verantwortlich fühlen oder NUR für die Gemeinschaft. In der ersten Einstellung kommt die Gemeinschaft zu kurz, in der zweiten der einzelne Mensch.

Wenn wir bereits ein Teil eines Ganzen sind, sind wir auch bereits EINS, wir werden nicht irgendwann EINS werden. Diese Einsicht war und ist ein wichtiger Schlüssel für uns, um dieses neue Miteinander immer mehr auch wirklich erleben zu können.

Die Herausforderung auf dem Weg zu diesem neuen Miteinander ist deshalb so groß, weil wir es vielleicht in unserer Familie und noch unter engsten Freunden auf diese Weise erfahren, aber wir im weiteren Umkreis alles andere erleben.

Wenn wir erkennen, dass wir mit jedem Menschen, mit der Natur und mit unserem Schöpfer EINS sind, auch mit den Menschen, die wir zurzeit gar nicht mögen, dann beginnen wir mit den Herausforderungen, mit den Menschen, mit der Natur und mit den Tieren ganz anders umzugehen.

Wenn wir mit allem EINS sind,
brauchen wir es nicht mehr werden!

Es geht nur darum,
dass es uns immer mehr bewusst wird!

Was bereits ist,
braucht nicht mehr werden.

Indem es bewusst wird, was ist,
wird es auch sichtbar.

Auch dieser Prozess beginnt bei mir!

Wenn wir mit allem EINS sind, brauchen wir es nicht mehr werden! Es geht nur darum, dass es uns immer mehr bewusst wird! Was bereits ist, braucht nicht mehr werden. Indem es bewusst wird, was ist, wird es auch sichtbar. Auch dieser Prozess beginnt bei mir!

Wenn wir mit unserem Partner EINS sind, dann ist diese Beziehung viel mehr als eine „Lebensabschnitts-Gemeinschaft", die ausschließlich funktioniert, solange alles oder mindestens der überwiegende Teil beim anderen passt. Im EINS-Sein mit dem Partner erkennt man die gegenseitige Bereicherung und Befruchtung gerade bei Meinungsunterschieden und getrennten Ansichten. Neue Perspektiven werden dadurch erschlossen, weil man sich gegenseitig daran teilhaben lässt. Bei Ehepartner haben wir oft erlebt, wie sie ihre Kraftquelle in der Beziehung wieder finden, nachdem sie ihre eigene Berufung und die des anderen erkennen und darin die Verstärkung und Ergänzung – also das fehlende Puzzleteil – entdecken.

Wenn wir erkennen, dass wir mit unseren Geschäftspartnern oder mit den Menschen, mit denen wir zusammenarbeiten, EINS sind, dann gehen wir ganz anders mit ihnen um, wenn vermeintliche Probleme auftreten. Wir nennen diese Probleme „vermeintliche Probleme", weil wir sie auch als Möglichkeiten sehen können, um im Bewusstsein und Erleben des EINS-Seins wachsen zu können. Denken wir hier an die Zellen im Körper, die in Schwierigkeiten geraten sind.

Warum funktioniert das alte Miteinander nicht?

Heute liegt der Fokus von vielen Menschen auf sich und eventuell noch auf der eigenen Familie. Viele meinen: „Hauptsache, mir bzw. uns geht es gut. Wie es den anderen geht, geht mich nichts an.“ Wir wissen, dass ein Organismus so stark ist wie seine schwächste Stelle. Unserem Körper geht es so gut wie der schwächsten Stelle im Körper. Jeder hatte schon Zahn- oder Rückenschmerzen, die das ganze Wohlbefinden komplett beeinträchtigt haben.

Ein paar konkrete Fragen für dich: „Wie stark ist dementsprechend deine Familie oder Firma oder das Unternehmen, bei dem du tätig bist? Wie stark ist deine Dorfgemeinschaft oder Ortschaft?“ Größere Einheiten möchten wir jetzt gar nicht erwähnen.

Hinter dem Fokus auf sich selbst und die eigene Familie versteckt sich oft eine Art Mangelbewusstsein. Es kann uns allen nicht gut gehen, es gibt Ressourcen, die nicht für alle ausreichen. Wir denken, wir müssen immer mehr von diesen Sachen horten, damit es uns auch in schlechten Zeiten noch gut geht. So parken oder horten viele von uns das, was wir heute haben, aber heute eigentlich nicht brauchen. Hinter dieser Denkweise ist meistens die Annahme, dass es schlechter gehen könnte oder dass etwas im Haushalt kaputt gehen könnte und dass wir dann für eine Lösung alleine verantwortlich sind. Wir können nicht mit der Hilfe von anderen rechnen. Nicht vorzusorgen, das gilt für den Fall der Fälle als unverantwortlich. Wir machen uns also schon im Voraus Sorgen, was eventuell auftreten könnte. Davon lebt z. B. die Versicherungsbranche.

Diese Denkweise im Körper würde bedeuten, dass sich jede Zelle nur um sich selbst kümmert. Alle Zellen sparen mit den Mineralstoffen, die sie heute im Überfluss haben, aber nicht brauchen. Sie lassen sie nicht zu den anderen Zellen weiterfließen, die sie heute bräuchten. Sie wissen nämlich, auch sie bekommen keine Unterstützung von den anderen Zellen, wenn bei ihnen der Bedarf entsteht und die anderen all das zur Verfügung haben. Wie lange würde so ein Körper am Leben bleiben? Verstehen wir, warum so viele „Krankheitsbilder“ in unseren Familien, Gemeinschaften und Ländern sichtbar geworden sind?

Wir haben immer Mangel kommuniziert bekommen, dies geglaubt, danach gehandelt und deshalb auch Mangel in irgendwelchen Bereichen unseres Lebens erlebt. Dieses Bewusstsein des Mangels, einfach „wenig zu haben“ oder „wenig zu sein“, entwickeln wir in den meisten Fällen schon in den ersten Jahren unseres Lebens. Wir hören ständig diese Botschaft. Als Kind sind wir nicht brav oder klug genug, aber unsere Geschwister oder die Nachbarkinder schon. In der Schule hören wir oft genug, dass unsere Noten nicht gut genug für die nächste Stufe wären. Als Angestellter hören wir, auf einen Arbeitsplatz gäbe es 800 Bewerber auf dem Arbeitsmarkt. Als Unternehmer hören wir ständig, wie groß der Wettbewerb sei. Als Sportler hören wir, es könne nur einer im Weltcup der Erste sein. Als talentierte Sängerin oder Tänzerin hören wir, nur eine könne im Showbusiness gut genug tanzen, singen oder modeln.

Es geht im Leben nicht darum, dass wir der Beste, der Erste, der Stärkste sind, sondern dass wir unser Bestes geben. UND jeder ist in dem, wofür er berufen wurde, der Beste. Ohne Ausnahme.

In den Nachrichten hören wir, dass bald alle Ölreserven zu Ende gingen. Wir hören, dass in Afrika Hungersnot herrschte. Wir hören auch, dass in der Kindererziehung, in den Schulen, in den privaten und staatlichen Haushalten nicht genügend finanzielle Mittel vorhanden wären. Obwohl sich die Menge des Geldes seit dem II. Weltkrieg bereits zweimal verdoppelt hat. Einmal bis 2008 und einmal seit 2008.

Es geht im Leben nicht darum,
dass wir der Beste,
der Erste, der Stärkste sind,
sondern dass wir unser Bestes geben.

UND

jeder ist in dem,
wofür er berufen wurde, der Beste.
Ohne Ausnahme.

Wenn so viel Geld vorhanden ist, dann kann der Mangel in den verschiedensten Bereichen auf eine „Verstopfung im Organismus", also auf einen begrenzten oder gestörten Fluss der Geldmittel in der Gesellschaft zurückzuführen sein.

Das bedeutet, das Horten, Sparen, Vorsorgen und ähnliches – und natürlich auch die generelle Aufteilung der Mittel, wie Wasser, Energie, Lebensmittel, Finanzen führen zum Mangel.

In der Bibel steht: „Das Volk geht zugrunde am Mangel an Erkenntnis." Nicht am Mangel an Ölreserven, Finanzen, Arbeitsplätzen oder mangelndem Selbstwert, sondern am Mangel an Erkenntnis. Um uns herum und in uns ist Fülle. Die Frage ist nur, wie erkennen und erleben wir das auch in unserem Leben?

Es geht darum, unsere Werte UND die Fülle der Schöpfung um uns herum UND in den Menschen um uns herum zu erkennen.

Außerdem stellt sich die Frage, wie wir lernen, im eigenen Leben UND in der Gemeinschaft diesen Reichtum zu erleben.

Alles ist in Fülle vorhanden! Wir brauchen sie nur zu erkennen und zueinander fließen lassen.

Andererseits liegt der Fokus von vielen Menschen NUR auf der Gemeinschaft. Viele wollen etwas Gutes für die Allgemeinheit bewirken. Sie leben geradezu für die Gemeinschaft. Sie geben alles, was sie können, sie sind immer für die anderen da. Sie helfen, wo sie nur können.

Hinter diesem Fokus verbirgt sich oft eine mangelnde Wertschätzung für sich. Wenn diese Menschen sich selbst vergessen und vernachlässigen, dann sind sie nach einer Weile ausgebrannt. Sie wundern sich oft, dass sie für jeden da sind,

Alles ist in Fülle vorhanden!
Wir brauchen sie nur zu erkennen
und zueinander fließen lassen.

aber wenn sie etwas bräuchten, haben sie oft keinen, der ihnen helfen würde.

Um aus dieser einseitigen Situation rauskommen zu können dürfen wir die Verantwortung zuerst für uns aufnehmen und uns, unsere Gaben, Sehnsüchte, Talente und Antriebskräfte kennenlernen. Im nächsten Schritt erkennen wir, welchen Nutzen wir anderen geben können und tun dies aus einem Überfluss heraus auch. Wir dürfen auch die Gaben und Talente von anderen in Anspruch nehmen, so entsteht ein Gleichgewicht zwischen dem Einzelnen und der Gemeinschaft.

In Wirklichkeit kann keiner von uns alleine leben oder sich selbst versorgen. Zu allem brauchen wir auch die anderen. Es geht darum, dass wir die Gaben, Potenziale und finanziellen Mittel, die wir im Überfluss haben, anderen zur Verfügung stellen und dass wir die Gaben, Potenziale und Finanzen, die wir in bestimmten Bereichen wiederum brauchen, von anderen annehmen.

Es geht immer um die Wertschätzung von sich und den anderen. Und es geht immer darum, dass ein Ausgleich untereinander stattfindet. Nicht nur im Bereich der Gaben und Talente, sondern auch im Bereich der Finanzen. Die Finanzen sind genauso ein Potenzial, das man für bestimmte Sachen braucht wie die Gaben, mit deren Hilfe wir bestimmte Sachen umsetzen. Immer, wenn wir das Thema Finanzen aus der Sicht des EINS-Seins fließen lassen, kommen wunderbare Sachen zustande.

In dem Bewusstsein des EINS-Seins hat jeder immer alles in der Gemeinschaft. Wenn jeder alles, was er im Überfluss hat, zur Verfügung stellt, dann hat jeder mehr, als er alleine je hätte haben können. Wenn jeder wirklich nur das nimmt, was er braucht, dann hat jeder genug. Bedeutet dieses „genug“, dass wir ab heute nur von Wasser und Brot leben sollten? Natürlich nicht. Zu unserem Leben gehört, dass wir immer

alles haben. Es geht nur darum, dass wir immer besser erkennen, was wir wirklich brauchen und was wir nicht wirklich oder nicht mehr brauchen.
Wir wissen, dass unsere Betrachtungsweise – also das, was wir hier schreiben – herausfordernd ist. Wir wissen aber auch, dass viele im Herzen spüren: Es ist etwas dran. Die Frage ist nur, wie so etwas funktionieren könnte.

Es gibt bereits viele Gemeinschaften und Bewegungen, die ihren Weg gefunden haben. Viele Menschen suchen und finden Tag für Tag ihren Weg und das ist gut so. Jeder darf hier die Gemeinschaft für sich finden, die zu ihm bestens passt.
Unser Freund Günter Peham brachte uns das erste Mal die Vision von einem harmonischen Ganzen nahe, in der gemeinsam in Freiheit die inneren Werte der Menschen voll gelebt werden. In unseren Herzen haben wir gespürt, dass wir zum Entstehen dieser Gemeinschaft beitragen möchten. Günter Peham hat den Verein „wertevollleben" 2007 gegründet.

Seitdem haben wir gemeinsam mit anderen vieles erlebt, wofür wir sehr dankbar sind. Wir haben unseren Platz im Leben gefunden und erleben hier ein Miteinander, wonach wir uns immer gesehnt haben.

Welche Schritte durften wir machen?

Als wir erkannt haben, dass wir bereits mit unserem Schöpfer und mit den Menschen um uns herum EINS sind, da haben wir Lockerheit und Frieden in uns gespürt, auch in den Situationen, in denen wir die anderen nicht verstanden hatten.

Wir haben gelernt, unsere Erwartungen und Vorstellungen, wie die anderen in bestimmten Situationen sein oder handeln sollten, loszulassen. Wir haben einfach darauf vertraut, dass sie auch geführt und geleitet sind und dass jeder von uns immer mehr seinen Platz einnimmt. In jedem Bereich hat jeder seine eigene Sicht und diese Sichten ergänzen einander. Wir haben gelernt: Es geht nicht um „entweder oder", sondern um „sowohl als auch".

Wir wussten, dass die Herausforderungen in den verschiedensten Bereichen, wie Bildung, Mensch, Gesundheit, Soziales, Energie, Umwelt, Finanzen, Wirtschaft und Medien gelöst werden, wenn die dafür Berufenen ihren Platz einnehmen. Sie haben nämlich den Schlüssel in sich für die spezifischen Bereiche unseres Lebens, die uns alle betreffen.

Wir haben immer öfters bei uns begonnen und anderen einfach vertraut, dass sie auch bei sich selbst anfangen. Wenn wir loslassen können, passiert vieles schneller. Wenn wir Erwartungen an andere haben, passieren die Dinge – bis wir endlich loslassen – verzögert.

Unser aktiver Teil zu einem neuen Miteinander um uns herum war nur, dass wir aus unserer Berufung heraus die anderen unterstützten und stärkten, ihren Platz und ihren eigenen Weg zu finden. Wir ermutigten sie auch, Vertrauen in sich und dadurch in die Gemeinschaft zu entwickeln, dass wir bereits EINS sind.

War es immer leicht? Nein, aber es wurde und wird immer einfacher!

Was macht das EINS-Sein möglich?

Wenn das Miteinander auf Prinzipien, z. B. den zehn Prinzipien eines erfolgreichen Miteinanders, Regelwerken wie Ehevertrag, Gesetzen oder einem Verhaltenskodex aufgebaut ist, ohne die Erkenntnis, wofür das Miteinander da ist, wird es nicht funktionieren. Wenn wir erkennen, dass die Liebe das bewirken kann, was keine Regeln, Gesetze oder Strukturen bisher bewirken konnten, dann sind wir imstande, dieses neue Miteinander um uns herum sichtbar werden zu lassen. Aber wie?

Liebe – unser kraftvollstes Gestaltungsinstrument

Wie unsere Beziehung zu den Menschen um uns herum ist, macht unsere Lebensqualität zum größeren Teil aus. Diese Beziehungen können unser Leben zum Himmel oder zur Hölle verwandeln. Die wichtigste Voraussetzung für ein Leben wie im Himmel ist, eine gute Beziehung zu anderen zu führen. Eine gute Beziehung zu anderen ist erst möglich, wenn wir eine gute Beziehung zu uns selbst haben. Ist es schon vorgekommen, dass wir mit jedem um uns herum unzufrieden waren und erst später darauf kamen, dass wir eigentlich nur mit uns unzufrieden sind? Deshalb passte für uns bei den anderen nichts. Wenn wir aber zufrieden und glücklich mit uns selbst sind, können uns nicht einmal grobe Gegebenheiten mit anderen aus der Bahn werfen. Eine gute Beziehung zu uns bedeutet, dass wir uns lieben. Im ersten Schritt hat unsere gute Beziehung zu anderen mit den anderen gar nichts zu tun.

Liebe deinen Nächsten, wie dich selbst! Diese Weisheit hat schon jeder gehört. Früher haben wir aus diesem Spruch nur mitbekommen, dass wir andere lieben sollen.
Bei bestimmten Menschen dachten wir jedoch oft, es sei unmöglich, sie zu lieben! Dann ist uns im zweiten Teil des Spruches aufgefallen, dass wir andere erst dann lieben können, wenn wir zuerst uns lieben. Zunächst waren wir verwundert, da das, was wir auf einmal verstanden haben, auch bedeutete, dass wir andere deshalb nicht lieben konnten, weil wir uns nicht liebten. Und wir waren felsenfest überzeugt, dass wir uns liebten.
Dann haben wir an unsere Herausforderungen und an die Bereiche unseres Lebens gedacht, mit denen wir noch nicht zufrieden sind. Wir haben uns nach einer Weile eingestanden: Es stimmt doch, dass wir uns in diesen Bereichen nicht mochten.

Wir haben immer mehr begonnen, die Person, die wir sind, unsere Gaben, Sehnsüchte, Bedürfnisse UND „Unzulänglichkeiten" – also die Bereiche, in denen wir keine Gaben haben oder Bereiche, die uns nicht passten – kennenzulernen, anzunehmen und gelernt, auch diese zu lieben. Wir haben auch begonnen, uns mit allen Ecken und Kanten wertzuschätzen und immer mehr zu uns zu stehen, sprich: uns so zu lieben, wie wir sind. Das, was wirklich verändert werden darf, kann so viel leichter und nachhaltiger verschwinden.

Wenn jemand z. B. mit seinem Gewicht nicht zufrieden ist und sich selbst so ablehnt, wird ihm keine Diät, Nahrungsumstellung oder Sport langfristig helfen. Wenn die gleiche Person sich annimmt, so wie sie jetzt ist und beginnt, immer mehr zu erkennen, was ihr gut tut und sich immer mehr mit diesen Sachen beschenkt, so hat sie den wichtigsten Schritt Richtung gesundes Gewicht getan. So hat jeder Bereiche, wo Entwicklungspotenzial besteht.

Wir alle dürfen in der Liebe zu uns wachsen.

Mit der Liebe zu uns schaffen wir den herausforderndsten Schritt zur Liebe für andere Menschen. **Wenn es uns gelungen ist, mit unseren eigenen Unzulänglichkeiten Frie-**

den zu schließen, dann werden wir die Unzulänglichkeiten der anderen viel besser verstehen. Wenn wir mit „Fehlern" von uns geduldig umgehen lernen, haben wir auch viel mehr Geduld mit den Fehlern von anderen. Je mehr ich die Liebe, die ich bin, in mir entdecke, desto einfacher ist es, diese zu anderen fließen zu lassen.

Es ist einfach zu lieben, wenn die Chemie passt, wenn alles stimmt. Was ist aber dann, wenn das nicht der Fall ist? Wir lernen, dass die Liebe nicht etwas ist, was außerhalb von uns ist. Die Liebe ist nicht etwas, was man produzieren oder erzwingen kann. In unserem Herzen wurde die Liebe Gottes ausgegossen. Diese Liebe ist bereits in uns, auch wenn wir das noch nicht spüren oder für Seine Liebe keine Entscheidung getroffen haben. Wir sind ein Teil Gottes und damit ein Teil dieser Liebe, unser innerster Kern ist Liebe. Es geht nur darum, dass wir sie für uns in Anspruch nehmen UND auch zu den Menschen fließen lassen, die es uns manchmal schwer machen, sie zu lieben.

Diese Liebe erleben wir extrem intensiv, wenn wir z.B. bestimmte Sachen, die andere tun, nicht verstehen und trotzdem vertrauen, dass diese Menschen auch geführt sind und ihren Weg gehen. Oder wir erfahren diese Liebe extrem stark, wenn wir uns dafür entscheiden, auch die Menschen zu lieben, die unsere Feinde sind. Wir erleben, dass wir diese Liebe nicht produzieren können, denn sie ist bereits in uns.

Anfangs war diese Art von Liebe für uns unmöglich, da wir dachten, wir sollten diese Liebe von irgendwoher nehmen. Seitdem wir erkannten, dass es um die Liebe geht, die bereits in uns ist, können wir sie immer häufiger zu Menschen fließen lassen, die wir im ersten Moment als unsere Feinde betrachteten.
Es kommt immer öfters vor, dass uns bewusst wird, sie sind doch keine Feinde von uns. Das ist unser Lernprozess, der uns sicher bis zu unserem Lebensende in immer weitere Dimensionen zu uns UND in die Beziehungen zu anderen Menschen führt.

Früher dachten wir, dass diese Art von Liebe uns zum Fußabstreifer von anderen mache.

Heute wissen und erleben wir immer mehr, dass diese Liebe fähig ist, unser Leben so zu gestalten, wie wir uns das schon immer vorgestellt haben. Liebe hat die Kraft, die Sachen so zu verändern, dass da wieder Ordnung einkehrt. Diese Liebe kreiert, erschafft, verändert und gestaltet, sie ist keineswegs passiv.

Ob wir diese Liebe brauchen? Wenn wir an die Ehe, Kindererziehung, unser Umfeld, unsere Betriebe und Unternehmen denken, kam uns schon öfters der Gedanke, dass wir sie brauchen könnten. Wenn wir diese Liebe lebten, würden dann diese Bereiche unseres Lebens anders – vielleicht auch besser – aussehen?

In unseren Beispielen haben wir Situationen, die durch Gewalt, Missbrauch oder die schlechte Absicht, anderen schaden zu wollen, gekennzeichnet sind, nicht einbezogen, da die Lösung nicht mit einem Kapitel herbeigeführt werden kann. Gerade in diesen Situationen ist es extrem wichtig, Hilfe zu holen.

Die Verantwortung des Empfängers in der Kommunikation

Es wird so oft über die Verantwortung „des Senders“ in der Kommunikation gesprochen. Ganz wichtige Voraussetzungen – wenn wir unsere Sichtweise kommunizieren möchten – sind unsere Einstellung und Motivation, unsere Worte und Emotionen und wie wir sie in der Liebe weitergeben.

Wir möchten hier allerdings intensiver auf die Verantwortung „des Empfängers“ in der Kommunikation eingehen, da sie uns unabhängig und frei macht. **Der Empfänger in der Kommunikation, der also die Worte des Senders empfängt, hat die Verantwortung, wie er das Gesendete hört.**

Wenn wir uns aufgeregt haben, weil jemand etwas sagte, was uns beim ersten Hören nicht gefiel, dann haben wir bemerkt, dass wir da genauso dazulernen durften wie derjenige, der eventuell etwas für uns nicht richtig kommuniziert hat. Im EINS-Sein geht es darum, dass wir in dem anderen immer die gute Absicht sehen und dass wir alle aus jeder Situation herausgehen dürfen, dass sie uns zum Besten dient.

Wir alle haben schon oft gesagt, dass jemand uns verletzt oder geärgert hat. Wenn wir unsere Verantwortung als Empfänger in der Kommunikation aufnehmen, dann kommen wir aus der Position des Opfers oder der Unterwürfigkeit heraus. In den meisten Fällen haben wir uns ärgern lassen. In den meisten Fällen haben wir zugelassen, dass jemand uns verletzt hat. Wenn wir dem anderen gute Absicht zugestehen und aus den „gesendeten Worten“ Informationen entnehmen, was wir daraus lernen oder verändern können – und das Schlechte einfach ziehen lassen – dann haben wir einen wichtigen Schritt für unsere Freiheit gemacht. Wir dürfen den anderen verzeihen und auch uns, wenn die Kommunikation noch nicht glatt genug läuft.

Dabei hilft es uns, die ergänzende Wirkung zwischen Verständnis und Vertrauen zu erkennen. **Wenn wir etwas bei uns und den anderen nicht verstehen, dann brauchen wir Vertrauen. Wenn wir etwas verstehen, brauchen wir kein Vertrauen mehr.**

„Wenn die Berufenen auf ihren Platz kommen und ihre Bestimmung im Miteinander leben, dann werden auch die Lösungen für die Herausforderungen der heutigen Zeit sichtbar!“

Günter Peham

Sind wir bereits im neuen Miteinander unterwegs?

Zwischen dem Wissen, dass wir EINS sind und der Erkenntnis, dass wir EINS sind, gibt es einen gigantischen Unterschied. Wenn wir etwas nur wissen, da wir es schon einmal gehört haben, ist das schon ein guter Anfang, aber es hat noch keine praktische Auswirkung auf unseren Alltag. Wenn wir aber die Erkenntnis bekommen, bedeutet das, dass wir das Erkannte auch umsetzen können. Natürlich gehören ständiges Wachstum und Lernschritte, Fehler und deren Konsequenzen zur Umsetzung unserer Erkenntnisse. Wenn wir etwas wirklich erkannt haben, dann können wir das, was wir erkannt haben, Schritt für Schritt umsetzen.

Irgendwann habe ich (Reinier) also die Erkenntnis gehabt, dass wir alle ein Teil eines Ganzen sind, wie eine einzelne Zelle ein Teil des ganzen Körpers ist.

Es geht darum, dass wir es im Herzen erkennen, dass wir als Menschheit EINS sind – genauso wie die Zellen im Körper. Wenn wir es nur wissen, hat das keine Auswirkung auf unser Leben. Wenn wir das erkennen, dann beginnen wir automatisch, Schritt für Schritt in immer mehr Bereichen unseres Lebens danach zu handeln. Dementsprechend gestalten wir unser Leben und haben Einfluss auf das Leben unseres Umfeldes.
Auch das neue Miteinander, also das EINS-Sein, beginnt bei uns selber. Dazu einige Fragen:

- Weiß ich, wer ich bin?
- Weiß ich, was meine Berufung ist, wo mein Platz im Leben ist?
- Weiß ich, was für einen Nutzen ich anderen zu geben habe, wofür ich stehe?

- Weiß ich, was andere davon haben, dass es mich gibt? (Karl Pilsl)
- Wenn etwas in meinem Leben noch nicht passt, suche ich bei mir nach der Lösung?
- Habe ich Vertrauen zu mir, zu meinem eigenen Wert?
- Habe ich Vertrauen zur Gemeinschaft, zu anderen Menschen?
- Habe ich Vertrauen zu meinem Schöpfer?

Bei diesen Fragen ist es wichtig, dass wir lernen, das in den Antworten zu schätzen, was bereits vorhanden ist. Wenn wir erst zufrieden und glücklich sind, wenn wir in aller Tiefe erkannt haben, wer wir sind und was andere davon haben, dass es uns gibt usw., dann werden wir nie ein erfülltes und erfüllendes Leben führen können.

Wir haben gelernt, das zu schätzen, was bereits vorhanden ist oder was wir schon erkannt haben. Unser Fokus liegt immer mehr in diesen Bereichen. Das gibt jedem von uns Kraft für die nächsten Schritte. Und die Turbospirale „der Wertschätzung dessen, was ist“ katapultiert uns in die Höhe.

Wenn wir aber mit dem, was bereits ist, nicht zufrieden sind, können wir die Früchte davon nicht einmal genießen, obwohl sie schon reif und in einer Fülle vorhanden sind. Wir machen uns mit unserer Unzufriedenheit kaputt und kraftlos.
Dementsprechend gestaltet sich auch der Erfolg unserer nächsten Schritte, nämlich zum Misserfolg. Diese Spirale funktioniert auch, nur in umgekehrter Richtung. Die tut uns jedoch nicht gut.

Die Kraft der Gemeinschaft führt zur Steigerung der eigenen Auswirkung!

Wenn jeder seinen Platz eingenommen hat und dieses neue Miteinander auf der Basis der Berufungen der Einzelnen entsteht, hat jeder die Lösung in seinem eigenen Bereich auf die eigenen Probleme. Und jeder bekommt von anderen Berufenen die Unterstützung, die er zur Ausführung seines eigenen Auftrages braucht. Wie ein altes Sprichwort sagt: „Wenn jeder vor seiner Tür kehrt, ist überall sauber."

Wenn die Berufenen auf ihren Platz kommen und ihre Bestimmung im Miteinander leben, dann werden auch die Lösungen für die Herausforderungen der heutigen Zeit sichtbar!

Unsere Berufung wird sogar verstärkt durch die Synergie mit den Berufungen der anderen Menschen. Laut Gerhard Peham, Initiator von „Brennpunkt WIRtschaft" ist so 1+1 nicht 2 sondern 11.

„1+1+1 ist nicht 3, sondern 111"!

Unser aller Wirken in der Gemeinschaft potenzieren unsere Ergebnisse und die Ergebnisse der anderen. Das erleben wir immer mehr in den Projekten von „wertevollleben", in denen immer mehr Menschen immer mehr in ihren Berufungen wirken, wo sie wirklich einzigartige Lösungen haben. Hat das eine Auswirkung auf die Ergebnisse, auf den Erfolg jedes Einzelnen und der Gemeinschaft? Natürlich.

Wir wünschen uns allen, dass wir alle immer mehr diese Verstärkung in unserem Leben und in unseren Familien UND in den Gemeinschaften, Organisationen und Unternehmen, in denen wir aktiv sind, erfahren.

Teil III.

Für uns alle steht die Fülle im Bereich Finanzen zur Verfügung, auch für dich!

Wir dachten lange, dass wir etwas tun sollten, wodurch wir unseren Lebensunterhalt sichern und nebenbei würden wir unsere Berufung ausüben. Es war für uns natürlich, dass wir auch in unseren Aktivitäten für die Finanzen unsere Fähigkeiten und Gaben einfließen lassen. Wir dachten aber, dass unsere Berufung alleine uns nicht mit genügend finanziellen Mitteln versorgen könne und deshalb bräuchten wir verschiedene Projekte, um unseren Lebensunterhalt zu sichern.

Wir kennen auch viele Unternehmer, die schon seit 20 Jahren ihr Unternehmen mit dem Ziel aufbauen, aufhören zu können, um sich und ihre erworbenen Finanzen in Herzensprojekte wie z.B. ein Bauernhof für Kinder mit tiergestützter Therapie, einbringen zu können. Wir haben öfters miterlebt, dass diese Menschen dachten, sie hätten es fast geschafft, dann jedoch verloren sie alles. Sie mussten wieder von Null oder aus dem Minus heraus anfangen.

Wir kennen auch einige, die ihrem Beruf jahrzehntelang nachgehen, um das nötige Geld fürs Leben zu haben und das, was sie wirklich mit Freude erfüllt, machen sie ehrenamtlich in ihrer freien Zeit.

Hinter der Denkweise, wir bräuchten eine Arbeit – egal welche – um leben zu können und nebenbei oder nachher tun wir das, was wir wirklich möchten, steckt meistens die Überzeugung – wir könnten es auch Angst nennen – verborgen,

Unsere Versorgung ist ein Bestandteil
unserer Beziehung
zu unserem Schöpfer.

Wir haben die Fülle im Bereich Finanzen
von Ihm geschenkt bekommen,
wir brauchen nichts mehr tun,
um diese Fülle zu erarbeiten.

Wenn wir dieses Bewusstsein der Fülle
im Herzen haben,
erleben wir diese Fülle
in unserem Alltag immer mehr.

dass unsere Berufung uns nicht finanzieren könnte. Oder eine Dimension tiefer ist die Befürchtung da, dass unsere Berufung doch nicht so wertvoll sei, dass andere auf den Gedanken kämen, sie auch mit Finanzen wertzuschätzen.

Oft tun wir etwas, nur um Geld zu verdienen, viel lieber jedoch würden wir etwas anderes tun. Wenn wir das aber unterlassen, weil wir befürchten, nicht erfolgreich zu sein beziehungsweise uns die Finanzierung nicht gesichert erscheint, dann haben wir jetzt genau den Grund entdeckt, der uns bisher zurückgehalten hat, unsere Berufung zu leben.

Wir haben noch etwas festgestellt: Wenn wir die Berufung ausschließlich aus finanziellen Motiven heraus machen, dann ist sie genauso wenig erfüllend wie eine andere Arbeit, die nicht so viel Spaß macht, dafür aber gut honoriert wird.

Wir sind darauf gekommen, dass die Frage nach der Finanzierung einer der wichtigsten Gründe ist, von dem wir uns bisher irreführen ließen.

Diese Befürchtung um die Finanzen ist genau der Punkt, der die meisten Menschen vor einem Schritt in Richtung Berufung, Erfüllung ihrer Träume und Visionen zurückgehalten hat. Manchmal tarnt sich diese Angst sogar als Liebe zu jemandem, wenn jemand z. B. sagt: „Aus Liebe zu meiner Frau oder aus der Verantwortung für meine Familie tue ich es nicht." Manchmal tarnt sie sich auch als Tugend, wenn jemand sagt: „Ich bin realistisch und vernünftig."

Unsere Versorgung ist ein Bestandteil unserer Beziehung zu unserem Schöpfer. Wir haben die Fülle im Bereich Finanzen von Ihm geschenkt bekommen, wir brauchen nichts mehr tun, um diese Fülle zu erarbeiten. Wenn wir dieses Bewusstsein der Fülle im Herzen haben, erleben wir diese Fülle in unserem Alltag immer mehr.

„Gewinn ist,
einer bestimmten Zielgruppe
einen so hohen Nutzen zu geben,
dass diese bereit ist,
dafür mehr zu geben als das,
was aufgewendet wurde.“

Gernot Stummer – Entwickler von GUnAk®

Die sehr gute Nachricht für Jetzt ist: Gerade die Erkenntnis, der Wert und die Umsetzung unserer Berufung sind wichtige Schlüssel, in jedem Bereich unseres Lebens – auch im wirtschaftlichen – die Fülle zu erleben, nach der wir uns ein Leben lang gesehnt haben. Unsere Berufung ist ja ein Ausdruck unseres Seins.

Aber nicht in der Weise, wenn ich meine Berufung lebe, dann bin ich vermögend. Wenn ich mich als Teil Gottes, als Teil seiner Liebe erkannt habe, dann bin ich versorgt, beschützt und geheilt, ohne Wenn und Aber, ohne Bedingungen und ohne, dass ich etwas dafür tun müsste. Es ist einfach nur ein Geschenk aus seiner Gnade. Nicht einmal unsere Berufung zu leben, kann Gott bestechen, um uns zu versorgen.
Unser Vater im Himmel hat uns versprochen, dass Er uns nach Seinem Reichtum versorgt. Er hat dazu seinen Sohn Jesus geschickt, damit wir das Leben, das Er für uns vorbereitet hat, auch in Empfang nehmen können.

Wenn wir nach dem Reichtum Gottes versorgt sind und Ihm alles Gold und Silber auf dieser Welt gehört, dann besteht seine Versorgung für uns nicht aus Almosen, aus trockenem Brot und Wasser.

Die Natürlichkeit, Einfachheit und die Dimension dieser Versorgung übertreffen all unsere besten Vorstellungen.

Das Wissen davon ist schon gut, es geht aber immer darum, dass wir diese Fülle auch in unserem Leben erleben. Dazu brauchen wir eine Erkenntnis. Eine Erkenntnis ist ein Verstehen im Herzen, worauf Schritte in Gang gesetzt werden. Die erkannte Wahrheit macht uns frei, nicht bloß die Wahrheit. Unsere Erkenntnisse ziehen immer Handlungen nach sich. Wobei die Umsetzung einer Erkenntnis gleich in einer Sekunde sichtbar werden kann oder in einem Prozess.

Wir sind darauf gekommen und wir lernen immer mehr dazu, dass unsere Berufung sehr wohl viel mit Finanzen zu tun hat, nur in einer anderen Art und Weise als wir zuvor

Gerade in der Berufung können wir
den höchsten Nutzen oder Wert
mit dem niedrigsten Aufwand
für uns und andere geben.

gedacht haben. Wenn wir in unserer Berufung leben, dann sind wir nicht ursächlich vermögend. Sondern in der Berufung geben wir den Menschen den höchstmöglichen Nutzen. Wenn ein hoher Nutzen entsteht, ist es leichter, den Wert dessen zu erkennen und auch wertzuschätzen.

Dazu möchten wir hier eine Definition des Gewinns von Gernot Stummer, Entwickler von GUnAk zitieren: „Gewinn ist, einer bestimmten Zielgruppe einen so hohen Nutzen zu geben, dass diese bereit ist, dafür mehr zu geben als das, was aufgewendet wurde."

Sehr oft wird in der Wirtschaft der Gewinn vereinfacht als die Differenz zwischen Ein- und Ausgaben verstanden, ganz abgesehen davon, ob ein wirklicher Nutzen oder Mehrwert entsteht. Viele Firmen sind schon höchst zufrieden, wenn ein eingeschränkter Nutzen entsteht – unabhängig davon, ob auf der anderen Seite Schäden für die Natur oder für Tiere etc. entstanden sind.

In unserer Definition verstehen wir unter Nutzen den Nutzen, den wir in der Liebe weitergeben können. Ein echter Nutzen – also Mehrwert – kann nur entstehen, wenn niemandem dabei geschadet wird. In Bezug auf Berufung können wir sagen, dass wir bestimmten Menschen einen Nutzen geben können, die in einem bestimmten Bereich unsere ergänzenden Potenziale für die Lösung ihrer eigenen Herausforderungen brauchen. Für diese Menschen – man könnte sie auch die eigene „Zielgruppe" nennen – sind wir berufen, ihnen Hilfe zu leisten und für sie ein Segen zu sein.

In der Berufung gibt es keinen „Wettbewerb" oder keine „Konkurrenz", da wirklich nur wir in diesem speziellen Fall helfen können. Das heißt, es gibt zwar Menschen, die eine ähnliche Lösung entsprechend ihrer Berufung hätten, aber sie sind wiederum für andere Menschen und für andere Aufgaben in ihrem Umfeld auf eine ganz andere Art und Weise berufen. Es gibt also keine Konkurrenz unter den Berufenen, die

Die Finanzen und Erfolg
sind eine Begleit- und Folgeerscheinung
unserer wahren Identität,
unseres Seins.

etwas Ähnliches tun, sondern nur Synergie oder synergetische Potenzierung – wie unser Freund Günter Peham es sagt. Sie verstärken ihre eigene und die Wirkung der anderen, so wie die Herzzellen stärkend zusammenwirken, als Partner. Sie sind nicht die Konkurrenten voneinander. Gerade in der Berufung können wir den höchsten Nutzen oder Wert mit dem niedrigsten Aufwand für uns und andere geben.

Für unsere Berufung wurden wir mit allen Gaben und Talenten ausgestattet, wir haben dazu alles bekommen, was wir zur Ausübung brauchen. Da wir diese Gaben haben, macht es uns größte Freude, diese Gaben einzusetzen und es ist für uns auch sehr leicht. Es ist für uns so natürlich, dass wir meistens gar nicht mitbekommen, dass wir gerade in unserer Berufung agieren. Wenn wir also alles haben, was wir brauchen, sind wir imstande den für uns höchstmöglichen Nutzen zu geben. Da es uns alles leicht von der Hand geht, haben wir dabei auch den kleinsten Aufwand. So erreichen wir einfach die für uns mögliche größte Gewinnspanne.

Wenn wir außerhalb unserer Berufung agieren, brauchen wir Fähigkeiten, die wir nicht haben und das kostet uns extrem viel Energie. Wir setzen also weniger Gaben von uns ein, dafür mühen wir uns mit Sachen ab, die gar nicht zu unserer Berufung gehören und so entsteht weniger Nutzen, den wir geben und mehr Aufwand. Unsere Gewinnspanne verringert sich gewaltig.
Die Zielgruppe soll – laut unserer Definition – auch bereit sein, mehr zu geben als von uns aufgewendet wurde. Diese Bereitschaft hängt davon ab, ob sie den Nutzen oder den Wert – den wir ihr geben – für sich erkennen kann. Das wiederum hängt davon ab, ob wir den Nutzen und den Wert, den wir zu geben haben, erkennen. Was passiert, wenn jemand den Wert zwar erkennt, aber die nötigen Finanzen nicht flüssig hat? Auf dieses Thema kommen wir noch später zurück.

Die Finanzen und Erfolg sind eine Begleit- und Folgeerscheinung unserer wahren Identität, unseres Seins.

Unsere Wertschätzung für uns ist ein Schlüssel für einen natürlichen Finanzfluss

Oft denken wir, dass die Menschen das, was wir tun, nicht in dem Maße wertschätzen und/oder mit Finanzen honorieren würden, wie wir uns das wünschten oder wie das „gerecht" wäre. Oder wir denken z. B., dass in dem Bereich oder in der Branche, wo wir tätig sind, nur niedrige Einnahmen erzielt werden könnten. Im sozialen Bereich ist diese Denkweise sehr verbreitet und damit bemessen wir bestimmte Tätigkeiten nicht nach ihrem tatsächlichen Wert.

Am Anfang unseres Weges unserer Berufung kamen auch uns solche Gedanken, dass die anderen uns oder unsere Tätigkeit nicht in dem Maße wertschätzen würden, wie es für uns stimmig wäre. Dann kamen wir darauf, dass sie uns nur in dem Maße wertschätzen können, in dem wir uns selbst wertschätzen. Au, das tat zuerst weh.

Nur in dem Maße, in dem wir uns selbst wertschätzen, können andere uns wertschätzen.

Im Allgemeinen sagen wir leicht, dass wir uns wertschätzen. Wir sind sogar überzeugt, dass wir uns wertschätzen. Wir verstehen nur nicht, warum andere nicht oder nur unzureichend sehen, wie wertvoll wir sind oder welch wertvolle Arbeit wir leisten. Es ist oft so in Familien, wo der eine sich nicht wertgeschätzt fühlt, da die anderen z. B. den Teller nicht in den Geschirrspüler einräumen. Es ist oft so in Unternehmen, in denen der Eigentümer oder Geschäftsführer das Gefühl hat, dass die Mitarbeiter nicht sehen, was er alles für sie tut oder auch umgekehrt.
Wenn wir von unserem Umfeld nicht in dem Maße wertgeschätzt werden, wie wir uns das wünschen, dürfen wir noch etwas dazu lernen. Die Verantwortung für eine niedrige, ein-

geschränkte oder fehlende Wertschätzung dürfen wir nicht den anderen in die Schuhe schieben. Ich kann nie von anderen verlangen oder erwarten, dass sie mich wertschätzen, mindestens nicht mit Erfolg aus ihrem freien Willen. Ich kann andere diesbezüglich nie verändern, beeinflussen, motivieren oder sogar manipulieren, zumindest nicht nachhaltig. Wie andere mich wertschätzen, das zeigt mir nur, wie ich mich in Wirklichkeit selbst wertschätze.

Wenn wir uns wertschätzen und andere uns trotzdem nicht wertschätzen, dürfen wir dafür eine Lösung finden. Manchmal bedeutet das, Grenzen zu setzen oder „nein" zu sagen. Manchmal ist sogar ein Arbeitsplatzwechsel oder die Ablehnung von bestimmten Aufträgen zu erwägen. Oder wir wählen unsere Bekannten und Freunde bewusster aus. Es steht jedem frei, wie er damit umgeht. Es geht darum zu erkennen, was uns gut tut und danach zu handeln.

Das ist aber auch die beste Nachricht, die es überhaupt gibt: Ich darf und kann bei mir – und nie bei den anderen – jederzeit etwas verändern, indem ich meine Wertschätzung mir gegenüber verändere. Das geht ganz einfach, wenn ich weiß, wie es geht. **Wenn mir der Wert bewusst wird, der von meinem Schöpfer in mich im Allgemeinen und in Form von Gaben, Talenten, Fähigkeiten, Träumen und Visionen investiert wurde, ändert sich zuerst die Wertschätzung von mir für mich und dann die von meiner Umgebung mir gegenüber auf wunderbare Art und Weise.**

Unser Vater im Himmel hat die innigste Sehnsucht, dass wir unseren Wert endlich entdecken und erkennen und „Ja" dazu sagen. Wir dürfen auch lernen, mit diesen inneren Werten so richtig zu wuchern. Er hat richtig Freude daran, wenn wir unseren Wert und Selbstwert, den Er uns gegeben hat, nicht mehr durch falsche Glaubensmuster oder Denkweisen zunichte machen, sondern einfach bejahen und genießen.

Nur in dem Maße,
in dem wir uns selbst wertschätzen,
können andere uns wertschätzen.

Wenn wir unseren gigantischen hohen Wert erkennen, dann verändert sich einiges automatisch auch um uns herum.

Wir sagen „nein" oder setzen Grenzen da, wo wir bisher aus Angst vor Ablehnung, Verlust eines Arbeitsplatzes oder eines Auftrages immer mitgemacht haben. Wir lassen bestimmte Sachen einfach nicht mehr zu. Dadurch haben wir Platz für neue Menschen, berufliche Möglichkeiten oder für einen Partner, der wirklich zu uns passt, geschaffen.

Schauen wir in der nächsten Zeit einmal darauf, wie wir reagieren, wenn andere uns loben und unsere Fähigkeiten anerkennen. Sagen wir mit Freude „danke" oder ist uns gar nicht aufgefallen, dass wir in dem angesprochenen Bereich wirklich gut sind? Ist das Lob sogar für uns peinlich oder unangenehm? Womöglich halten wir das, was gelobt wurde, für völlig normal und für nichts Außergewöhnliches. Ja, für uns sind diese Gaben oder Fähigkeiten normal oder natürlich, da sie ein Teil von uns sind. Sie sind aber auch außergewöhnlich, da andere diese Gaben in der Form nicht haben. Deshalb fällt es anderen mehr und uns weniger auf. Je mehr diese natürlichen, angeborenen Gaben und Fähigkeiten für uns bewusst werden, desto mehr Kraft gewinnen sie in ihrer Auswirkung. Das heißt, wir erreichen mehr mit immer weniger Aufwand.

Wie schätzen wir uns selbst?

Schauen wir uns an, wie wertvoll wir mit uns selber wirklich umgehen. Stellen wir uns einmal konkrete und praktische Fragen, damit wir wissen, wohin wir unsere ersten Schritte setzen können.

Wenn wir uns die Zeit nehmen, die Axt zu schärfen, kommen wir mit Baumfällarbeiten effizienter voran.

Wie gehe ich mit meiner eigenen Zeit um? Gönne ich mir die nötige Zeit, mich selbst, meine Werte, Gaben und Fähigkeiten kennenzulernen und sie zu schärfen oder liegen sie brach, da ich zu beschäftigt war und sie noch gar nicht entdecken konnte? Nehme ich mir Zeit, meine Visionen und meine Träume in meinem Herzen zu entdecken und sie in mir reifen zu lassen?

Nehme ich mir Zeit für Sachen, die ich für mich tun möchte oder bin ich hauptsächlich für die anderen da? Es geht hier nicht um die Art der Aktivität oder Entspannung, sondern auf den wievielten Platz stelle ich mich in meinem Alltag.

Habe ich Zeit für Personen, die für mich wichtig sind? Oder bin ich nur mit Menschen zusammen, mit denen ich zusammen sein soll?

Wie wichtig bin ich wirklich für mich? Bin ich am Anfang oder am Ende der Reihe im Bezug auf Zeit?

Und wie gehe ich mit meinen Finanzen um, was mich und meine Werte betrifft? Verwende ich das zur Verfügung stehende Geld in erster Linie für meinen Mann oder meine Frau, für die Kinder, das Auto, das Haus oder den Urlaub? Wohin lasse ich meine Finanzen fließen? Bezahle ich zuerst alles, was dringend ist oder Druck auf mich ausübt oder nehme ich das Geld zuerst für mich in Anspruch, damit ich besser und effizienter vorankommen kann und erst danach kommt alles andere?

Investiere ich alles an Finanzen in mein Unternehmen und vergesse mich, meine Familie und Mitarbeiter dabei?

Nehme ich Finanzen in meine Hand, wenn es um meine inneren Werte wie Gaben, Talente und Fähigkeiten sowie Visionen und Träume geht?

Habe ich schon darüber nachgedacht, was wirklich und wahrhaftig in meinem Leben imstande ist, Mehrwert oder ein natürliches Wachstum zu schaffen?

Was ist fähig, Mehrwert zu schaffen? Sind das mein Unternehmen, die Maschinen, Softwares, Technologien, Mitarbeiter oder meine Produkte? Ist es eine gute Ausbildung oder ein erfolgreicher Abschluss an der Uni, was in meinem Leben ein natürliches Wachstum schafft oder mich voranbringt?

Wir sind darauf gekommen, dass unsere inneren Werte, also die Gaben, Talente und Fähigkeiten es sind, die mehr Werte erschaffen. Ein Unternehmen oder Maschinen, Softwares, Technologien oder Methoden sind nur ein Ausdruck von diesen Gaben oder ein Rahmen, wo unsere Werte und Fähigkeiten sichtbar werden dürfen und auch sollen.

Zuerst haben wir eine Idee oder eine bestimmte Sichtweise. Erst daraus entsteht z. B. ein einzigartiges Bett, eine revolutionäre Entwicklung im Bereich Energiespeicherung oder sogar ein Unternehmen, das für außergewöhnliche Lösungen bekannt ist. Ohne diese Ideen oder Impulse und unsere Gaben, diese Ideen oder Wahrnehmungen zu verwirklichen, entsteht nichts. Habe ich schon Finanzen in meine inneren Werte investiert, die fähig sind, überall in meinem Leben Mehrwert zu schaffen oder denke ich noch immer, dass ich in

Wenn wir uns die Zeit nehmen,
die Axt zu schärfen,
kommen wir mit Baumfällarbeiten
effizienter voran.

erster Linie in meine Firma investieren soll? Sie verdient ja für mich das Geld. Wir wundern uns nur oft, wenn wir so viel arbeiten und unter dem Strich nicht viel dabei herauskommt.

Unsere Werkzeugkiste ist wichtig, da sind wir aber nicht einzigartig. Hier haben auch andere natürlicherweise die gleichen Talente und Fähigkeiten. Die Schätze unserer Schatzkiste machen den Unterschied zwischen uns und anderen aus und sind die Basis für den für uns höchstmöglichen persönlichen Nutzen.

Unsere Denkweise war lange Zeit, wir könnten uns entweder das eine oder das andere leisten bzw. finanzieren. Wir dachten, alles auf einmal wäre nicht möglich. Es geht auch nicht darum, was und in welcher Höhe wir alles finanzieren oder uns leisten können.

Es geht hauptsächlich darum, ob wir erkannt haben, dass gerade unsere inneren Werte der Schlüssel für Weiterentwicklung sind. Und es geht um die Wertschätzung unserer Werte uns selbst gegenüber.

Je mehr wir unsere Werte schätzen, desto mehr gewinnen sie an Kraft und haben eine viel höhere Auswirkung auf unsere Projekte, Unternehmen, Tätigkeiten, Arbeit und auf unser Privatleben.

Zu diesem Thema möchten wir noch einige praktische Gedanken loswerden: Wir haben alle bisher in Ausbildungen, Unternehmen, Softwares, Technologien, Methoden und Prinzipien investiert. Es können Tausende, Hunderttausende oder sogar Millionen von Euros gewesen sein. Wir haben viel Geld für unsere Familie, Autos, Häuser und Urlaube in die Hand genommen. Wie viel haben wir aber bisher in unsere inneren Werte investiert? Wir meinen hier nicht die vielen Ausbildungen oder Abschlüsse, die auch viele andere machen können. Wie viel haben wir uns mit unseren einzigartigen Gaben und Talenten beschäftigt?

Je mehr wir uns mit aufbauenden Gedanken, Handlungen und Menschen umgeben, desto mehr Wertschätzung gestehen wir uns zu.

Wie viel sind wir uns wert, wenn es um diese einzigartigen Gaben geht? Wie viel ist uns unsere Berufung in einer liebevollen Gemeinschaft wert? Wie viel ist uns unsere Ehe wert? Wie viel ist es uns wert, wenn unsere Kinder ihren eigenen Weg finden und gehen?

Es gibt hier keinen Maßstab, der für jeden gültig ist. Diese Fragen sind dafür da, dass wir uns unsere Gedanken zu diesen Themen machen und für uns Antworten finden. Die Hauptsache ist, dass jeder von uns in seinem Herzen einen für sich stimmigen Weg findet, für die eigene Wertschätzung und die der wichtigsten Bereiche seines Lebens.

Es gibt dafür auch kein Geheimrezept. Jeder von uns findet individuell den besten Weg für sich selbst in seinem Herzen und nicht auf seinem Konto. Was für den einen stimmig ist, passt dem anderen vielleicht gar nicht. Es geht um die Einstellung zu uns selber. Wenn wir lange genug auf Kosten von uns Entscheidungen treffen, dann haben wir nach einiger Zeit nichts mehr zu geben. Ein Gefäß, das alles verschenkte und vergaß, sich auf Empfang zu stellen, ist irgendwann leer. Ein Gefäß, das überläuft, das ist FÜLLE. Davor ist es maximal auf Null.

Wie schätzen wir uns im Bereich unserer Energie wert? Denken wir Gedanken, die uns Energie geben oder die uns Energie kosten? Bauen uns die Gedanken, die wir denken, die Handlungen, die wir tun, die Menschen, mit denen wir uns umgeben, auf? Oder ziehen sie uns Energie ab? Natürlich ist es ein Prozess, in diesen Bereichen immer mehr das Aufbauende und Inspirierende zu erfahren. Dieser Prozess beginnt aber immer mit unserer Entscheidung dafür.

Je mehr wir uns mit aufbauenden Gedanken, Handlungen und Menschen umgeben, desto mehr Wertschätzung gestehen wir uns zu.

Aktien oder Dachfonds
werden sich nach einer Krise nicht
an dich erinnern können,
dass du ihnen etwas Gutes
getan hast.

Aber Menschen,
denen du geholfen hast,
das zu verwirklichen, was sie
im Herzen haben, schon.

Wohin sollen wir investieren?

Es ist üblich, dass viele heute noch in Wertgegenstände, in Immobilien, in Grundstücke, in Wälder, in Unternehmen, in Gold und Silber investieren. Man hofft, dass diese Wertgegenstände auch nach einer Finanzkrise einen Wert haben werden. Und sicher werden einige Wertgegenstände noch einen Wert haben, hauptsächlich die, die den Menschen auch nach der Krise einen Nutzen bieten werden. Die werden ihren Wert erhalten, die dem Wohle der Menschen dienen.

Unserer Meinung nach ist es am sinnvollsten, heute in Menschen und ihre Projekte, Unternehmen, Visionen und Träume zu investieren. Die Menschen sind es, die mit ihren Gaben und Talenten, Visionen und Träumen fähig sind, nicht nur ihren Wert zu behalten, sondern auch Mehrwert zu schaffen.

Diese Menschen haben ihre Ideen, Projekte, Arbeit, Unternehmen und Visionen. Mit ihren Werten und mit den Werten der anderen sind sie imstande, diese auch zum Erfolg zu führen. So entstehen Früchte, die ohne die Investition in den Menschen nicht entstehen könnten. Diese Früchte teilt man auch gerne mit denen, die einen zu den Früchten – also zu den Gewinnen – verholfen haben.

Aktien oder Dachfonds werden sich nach einer Krise nicht an dich erinnern können, dass du ihnen etwas Gutes getan hast. Aber Menschen, denen du geholfen hast, das zu verwirklichen, was sie im Herzen haben, schon.

Dass der Mensch der Schlüssel für Umsetzung von Visionen, Träumen und Projekten ist, merkt man schnell, wenn z. B. ein Visionär das Unternehmen verlässt. Die Hülle des Unternehmens hat ohne den Geist des Visionärs eigentlich keinen so hohen Wert mehr. Aus diesem Grund haben viele Unternehmen, die zwar einen Nachfolger gefunden haben, aber in dessen Herzen die ursprüngliche Vision nicht verankert ist, ein Problem. Wenn der Gründer nicht mehr tätig ist und im Herzen der Nachfolger das ursprüngliche Feuer nicht brennt, wird es große Kraftanstrengungen kosten, der Firma beim Überleben zu helfen und ein gesundes Wachstum ist unmöglich. Das ist auch meistens der Grund, warum es für viele Unternehmen so schwer ist, überhaupt einen Nachfolger zu finden.

Genauso verhält es sich mit Angestellten oder Mitarbeitern, die ihren Platz im Unternehmen eingenommen haben und dann aus irgendwelchen Gründen weiterziehen. Ihren Platz kann keiner einnehmen, sie können nicht ersetzt werden, es entsteht da eine Leere.

Ich (Szilvia) habe drei Mal wie eine Angestellte gearbeitet, also nicht mein eigenes Unternehmen geführt. Alle drei Male habe ich hinterher gehört, dass meine Chefs nie vor oder nach mir so eine gute Assistentin oder Dolmetscherin hatten. Obwohl ich nicht einmal mit zehn Fingern schreiben kann. Auch meine Büroorganisation ist stark optimierbar. Und natürlich gibt es viele, die die Deutsche Sprache besser beherrschen als ich oder akzentfrei sprechen.

Genauso war es bei meinem Mann, als er die Firmen verließ, in denen er die Restaurants führte: Ein Großteil der Gäste kam nicht mehr ins Restaurant, der Umsatz ist eingebrochen. Er, seine Person und seine Ausstrahlung haben die Gäste in erster Linie angezogen – und nicht der Ort und das Unternehmen.

Fähigkeit, Finanzen auch zu uns fließen zu lassen

Was passiert, wenn wir gerne in uns, in andere und in unser Unternehmen investieren würden, uns aber dafür die nötigen finanziellen Mittel fehlen?

Wenn wir sagen, wir könnten es uns nicht leisten, dann passiert nichts.

Wir können aber einen Plan entwickeln, wie wir Investoren für uns oder für unser Unternehmen finden können.

Investoren finden beginnt auch bei uns. Haben wir ein gebendes Herz, werden wir viele andere finden, die uns auch gerne geben. Haben wir bisher nicht so gerne gegeben, weil wir dachten, wir hätten nichts zu geben, dann ist es gut, wenn wir beginnen zu erkennen, dass wir wohl viel zum Geben haben.

Wer gibt, dem wird gegeben werden.

Wir sprechen hier nicht über eine Methode, um mehr Finanzen zu generieren. Wir sprechen hier über einen Lebensstil, über eine Herzenseinstellung. Es tut jedem von uns gut zu erkennen, was wir alles geben können und auch erfahren, wie viel mehr zu uns zurück fließt.

Wir können klein beginnen. Fangen wir doch einmal in unserem Kleiderschrank an zu stöbern. Sicher finden wir ein paar Kleidungsstücke, die wir nicht so oft tragen – und vielleicht fällt uns dann auch gleich jemand ein, dem wir damit eine Freude bereiten können. Oder wir laden jemanden zum Essen oder einem Eis ein. Es gibt unendlich viel, was wir anderen geben können.

Es ist auch gut, wenn wir lernen zu empfangen. Wenn wir bisher immer der Starke waren, der alles in seinem Leben im Griff hatte und alleine lösen konnte, dann ist der Gedanke, etwas von anderen anzunehmen oder sogar zu sagen, dass wir auch einen Finanzbedarf für uns und unser Projekt haben, geradezu herausfordernd. Aber keine Sorge, wir werden dadurch in den Augen der anderen nur menschlich und kommen von unserem selbsterbauten Podest herunter. Es ist befreiend, das sagen wir euch!

In dem zweiten Teil dieses Buches haben wir schon gelesen, dass wir einander brauchen. Auch im Bereich der Finanzen. Die Finanzen sind nur ein Potenzial, das auch für die Umsetzung von Berufungen, Visionen und Projekten erforderlich ist. Es ist also normal, dass einige die Gaben haben, in einer besonderen Art und Weise mit den Finanzen umzugehen und diese Gaben stellen sie als Potenzial zur Verfügung. In anderen Bereichen brauchen wiederum sie die Gaben von anderen.

Beim Empfangen können wir auch klein beginnen. Wir lassen zu, dass andere uns helfen, unsere Tasche zu tragen oder sie machen uns einen Kaffee und wir freuen uns darüber. Wir nehmen ein Lob an oder jemand renoviert unseren Laden, ohne etwas dafür zu verlangen. Er unterstützt uns mit seinen Gaben, damit wir in unserem Vorhaben vorankommen.

Viele von uns haben die Gabe, für ein Projekt oder eine Idee, hinter der wir stehen, Investoren oder Sponsoren zu finden. *So hat ein Freund von uns für eine Kunstausstellung in seinem Wohnort, fast am Ende der Welt, 40 000 Euro in zwei Wochen zusammen bekommen. Die Ausstellung von einem extrem berühmten Maler in diesem extrem abgelegenen Ort war ein großer Erfolg.*
Ein anderes Beispiel ist: Eine Freundin von uns ist im Gründungsteam einer privaten Schule zusammen mit anderen vier engagierten Müttern. Sie brauchten noch 20 000 Euro bis zum Start. Unsere Freundin hatte den Eindruck, dass die Finanzen schon da wären und alles ganz einfach gehen würde. Sie schrieb an einem Samstag eine E-Mail und in

drei Stunden hatte sie die Zusage von einer Person für den gesamten Betrag. Es war wirklich sehr einfach!
Die fünf Mütter hatten das Thema Finanzen zuerst als anstrengend empfunden. Nachdem sie jedoch immer mehr erkennen, dass die finanziellen Zuwendungen ein Ausdruck der Wertschätzung darstellten und sie gleichzeitig realisieren, wie wertvoll das ist, was sie tun, kommt der Finanzfluss einfacher und natürlicher. Sie konnten das Jahr starten und erleben extrem viel Gutes und Schönes! Sie haben bereits das zweite Jahr erfolgreich gestartet.

Und das gleiche passiert Tag für Tag, wenn Kinder zu ihren Eltern kommen und etwas wirklich möchten, dass die Eltern immer einen Weg finden, es zu finanzieren.

Wir haben also die Gabe, Finanzflüsse – ganz egal, ob sie kleine Bäche oder große Ströme sind – in verschiedene Richtungen in Gang zu setzen. Die Frage ist, ob wir diese Gabe auch für uns einsetzen oder nur für Projekte oder andere Menschen.

Hier reden wir nicht über die Gaben, die die Basis dafür sind, dass jemand im Bereich Finanzen und Wirtschaft aus seiner Berufung heraus handeln kann. Wir reden hier über die Erkenntnis davon, wie wertvoll wir und unsere Projekte sind. Und wir sprechen darüber, dass diese Erkenntnis zur Folge hat, dass die Finanzen als ein Ausdruck der Wertschätzung von anderen zu uns fließen.

Was bedeutet es für uns konkret, in uns zu investieren?

Wir sprachen mit einem Ehepaar. Sie wollten ein neues Projekt starten. Sie zeigten uns die Pläne und die Kalkulation. Alles war spitze, unser Herz hüpfte vor Freude, weil wir wussten, dass dieses Projekt ein Erfolg werden würde. Als wir ihnen sagten, dass in der Kalkulation der wichtigste Faktor aber noch fehle, haben sie es zuerst nicht verstanden. Sie haben für sich selbst in der Aufbauphase keine finanziellen Mittel einkalkuliert, erst ab dem Zeitpunkt, wenn das alles läuft und die Einnahmen von den ersten Kunden da sind.

Die Finanzen sind eine
lebenswichtige Form,
um unsere Wertschätzung für
uns UND andere auszudrücken.

Das bedeutet, dass sie sich und ihren eigenen Wert für die Aufbauphase nicht mit Finanzen wertgeschätzt haben. Sie bezahlen jeden, der ihnen hilft, dieses Projekt aufzubauen wie z. B. den Architekten und die Bauunternehmen. Aber sich selbst, durch die das Ganze entstehen darf, vergessen sie dabei. Er wollte dazu noch viel in Eigenleistung machen, da es „günstiger" ist, aber auch aus anderen sinnvollen Gründen. Das würde bedeuten, dass er einen großen Teil seiner Zeit nicht für das laufende Alltagsgeschäft verwenden könne, was niedrigere Einnahmen nach sich ziehen würde. Sie wollte einen Job annehmen, damit sie Geld für den Lebensunterhalt haben. Sie tun schon jetzt viel. Und so ein Projekt ist nicht nebenbei zu machen. Wo bleibt ihr eigenes Leben und wo der Genuss des Tages?
Wir haben ihnen empfohlen, für sich auch eine finanzielle Wertschätzung einzuplanen, um sich voll auf das Projekt konzentrieren zu können. Sie haben die Wichtigkeit der Wertschätzung sich gegenüber im Herzen verstanden. Wir können nicht über neue Wege der Wertschätzung der Menschen reden und uns auslassen. Es ist egal, ob sie 2,2 Millionen oder 2,4 Millionen investieren sollen. Wenn einmal jemand die Fähigkeit entwickelt hat, für 2,2 Mio. Investoren zu finden, dann schafft er das auch für 2,4 Mio.

Das gleiche gilt bei den Mitarbeitern. Die Denkweise der hohen und für Unternehmen schädlichen Personalkosten ist sehr verbreitet. Wenn wir unsere Mitarbeiter als den größten Kostenfaktor sehen, werden wir immer bestrebt sein, an den Mitarbeitern zu sparen. Wenn wir zulassen, dass sie ihre Potenziale mehr entdecken und diese auch in unser Unternehmen einbringen dürfen, wenn wir im Herzen verstehen, was alles durch die Potenziale der Mitarbeiter entstehen kann, dann sind wir bereit, in sie zu investieren und sie nach ihrem Wert auch finanziell zu entlohnen. Nur durch Menschen entstehen immer mehr Werte, die Maschinen werden immer weniger wert.

Die Finanzen sind eine lebenswichtige Form, um unsere Wertschätzung für uns UND andere auszudrücken. Wenn wir lernen, Finanzen für uns und für die Menschen in unseren Projekten fließen zu lassen, dann haben wir einen wichtigen

Wenn wir lernen, Finanzen für uns
und die Menschen um uns herum
fließen zu lassen, können wir uns alle
in unseren Berufungen voll entfalten!

Schritt in die Richtung getan, dass wir das Leben leben können, wonach wir uns sehnen.

Es gibt viele Menschen, die gerne etwas in Anspruch nehmen möchten, was sie wirklich voranbringt. Allerdings sagen sie anfangs oft: „Ich kann mir das nicht leisten.“ Wenn sie aber immer öfters die Frage stellen: „Wie kann ich mir das leisten?“ beginnen sie, einzigartige Lösungen für ihren Weg zu entwickeln. Sie haben dann bald einen Plan und nehmen die Gaben von anderen in Anspruch, die sie brauchen, aber über die sie selbst nicht verfügen.

So haben wir schon einigen Menschen geholfen, Menschen in ihrem Umkreis zu finden, die Vertrauen zu ihnen haben und sie gerne auch finanziell unterstützen. Es kommt nicht auf die Form der Unterstützung an: Es kann eine stille Beteiligung sein, ein privates Darlehen oder eine kostenlose Unterkunft für ein Jahr. Ein Bekannter hat z. B. seine drei Geschäfte zu einem großen zusammengezogen. Einen großen Teil haben die Lieferanten mitfinanziert. Anderen wurde von ihren Kunden geholfen.

Die Hauptsache ist, dass wir immer die Lösung in uns haben und sie ist immer einzigartig. Strecken wir uns einfach danach aus!

Das ist heute für uns normal und schön, dass wir anderen die Möglichkeit geben, an unseren Projekten mit ihren Finanzen mitzuwirken. Anders geht es nicht oder es geht nur auf Kosten von uns und von allem, was uns wichtig ist.

Wenn wir lernen, Finanzen für uns und die Menschen um uns herum fließen zu lassen, können wir uns alle in unseren Berufungen voll entfalten! Stellen wir uns vor, im Bereich Finanzen entsteht ein immer breiterer Fluss untereinander. Aus den Bächen entstehen Ströme und eine richtige Dynamik entsteht unter den Menschen. Nicht mehr die Regierung, Förderungen oder Banken sind für unseren Erfolg zuständig, sondern wir alle nehmen unsere Verantwortung für uns und die anderen wahr.

Wenn wir uns noch dazu vorstellen, dass immer mehr Menschen bereit sind, ihre Früchte mit denen zu teilen, die ihnen geholfen haben, dann wird es in uns richtig prickelnd.

Mein Papa (Szilvia) hat noch vor seinem Tod die ersten Früchte aus unserer Berufung in seiner Geldbörse erlebt. Wir sehen noch immer sein Gesicht vor uns und spüren seine Freude. Wir sind sehr dankbar dafür, dass er und wir das erleben durften.

Stellen wir uns vor, wie vielen Menschen wir schon geholfen haben, immer mehr das Leben zu leben, wonach sie sich gesehnt haben. Stellen wir uns auch vor, wenn die Finanzen unter uns zusammengeführt werden und beginnen, unter uns allen zu fließen.

Vom Preis-Leistungsverhältnis zum Erkennen des Wertes und dessen Wertschätzung

Wenn es um konkrete Produkte geht, kennen wir den Preis genau und wissen, wo dieser Artikel erhältlich ist. Oft haben wir Preisvergleiche gemacht, bevor wir etwas angeschafft haben. Meist entscheiden wir uns bei bestimmten Produkten für den Verkäufer, der das günstigste Angebot hat, vorausgesetzt, das Preis- Leistungsverhältnis stimmt.
Bei solchen Entscheidungen haben wir oft vergessen, dass wir bei den niedrigsten Preisen vielleicht genau die Firmen unterstützten, die ganz andere Werte vertreten als wir. Bei so günstigen Preisen gelingt es oft nur auf Kosten von Menschen, Tieren oder der Natur, den niedrigen Preis zu halten. Es kann also sein, dass die Produkte zwar günstig sind, aber was z.B. die Nährwerte in den Nahrungsmitteln betrifft, so sind kaum welche vorhanden. Wir zahlen also wenig für fast nichts. Ist das wirklich ein gutes Geschäft?

Die Wahrheit ist: Das, was wir in dieser Art und Weise zu sparen versuchen, müssen wir später in einer anderen Form wieder ausgeben. Die vermeintlich preisgünstigen Schuhe sind bereits nach einem Jahr kaputt. Oder: Weil wir uns ungesund ernährt haben, haben wir zu wenig Vitamine durch unsere Lebensmittel zu uns genommen; die ersten Krankheiten melden sich schon. Infolgedessen brauchen wir Massagen, spezielle Behandlungen, Nahrungsergänzungen oder sogar Medikamente. Diese Beispiele haben wir alle in unserem Leben schon erlebt.

Auf der anderen Seite, wenn es um Produkte oder Dienstleistungen geht, die für uns wichtig sind, sind wir durchaus bereit, mehr auszugeben, als die meisten für diese Produkte aufwenden würden. Wir sagen uns oft, dass wir uns einen besonderen Urlaub, ein schnelles Auto oder eine schöne Küche gönnen, weil wir uns das wert sind.

Es ist auch wichtig, uns schöne Sachen zu gönnen und das Leben so richtig zu genießen. Wir sind auch dafür! Es geht hier für uns um die Haltung, mit der wir uns etwas kaufen. Es geht nicht darum, was wir kaufen. Es geht um eine wertschätzende Haltung für uns UND andere.

Bisher sind wir immer vom Preis-Leistungsverhältnis ausgegangen und machten uns wenig Gedanken über den tatsächlichen Wert bestimmter Sachen. Die meisten von uns haben große Herausforderungen, wenn es darum geht, wie wertvoll die eigenen Gaben und Fähigkeiten sind.

Denken und Handeln wir immer mehr im Wert und in der Wertschätzung!

Es ist gut, wenn wir beginnen, uns über den Wert unserer Gaben immer mehr Gedanken zu machen. Es ist für unser Leben wichtig, dass wir unsere inneren Werte erkennen und den Wert dieser Werte in unserem Leben und im Leben von anderen schätzen lernen.

Es ist also ganz wichtig, dass wir uns immer mehr Gedanken darüber machen, was der Wert der Gaben ist, die wir zu geben haben und was der Wert der Gaben ist, die wir brauchen.

Wenn ich den Wertzuwachs in mir anhand der Gaben der anderen erkenne, dann habe ich den wichtigsten Schritt getan, aus diesen Gaben auch das meiste machen zu können. Mein Bestreben sollte sein, wie kann ich die Gaben, die ich bekommen habe, immer mehr wertschätzen, da das, was ich davon tatsächlich habe, damit im Verhältnis steht. Es ist davon abhängig.

Umgekehrt: Wenn ich meine Gaben, Talente und Fähigkeiten anderen zur Verfügung stelle, ist es gut, wenn die anderen erkennen, welchen Wert meine Gaben für sie haben und welch ein Wertzuwachs dadurch in ihrem Leben entsteht.

Wenn der andere den Zuwachs in seinem Leben mit Hilfe meiner Gaben erkannt hat, hat auch er das Meiste davon.

Ein Beispiel dazu: Ein guter Freund von uns hat die Gabe, Probleme des Rückens wieder in Ordnung zu bringen. Eine Frau mit Bandscheibenvorfall hat das gehört. Ihr wurde geraten, sich operieren zu lassen, aber sie wollte eine andere Lösung. Sie hatte sechs Behandlungen bei unserem Freund. Leider gab es kaum eine Verbesserung. Aber die weiteren zwei Behandlungen zusammen mit den ersten sechs haben dazu geführt, dass die Dame keine Schmerzen mehr hatte.

Die Frage ist, wie wertvoll es für sie war, wieder gesund zu sein. Sie hat dafür acht Mal 100 Euro, den üblichen Stundensatz, bezahlt. Sie hat damals über den Wert gar nicht nachgedacht, das war nicht das Thema, sie bezahlte einfach, was von ihr verlangt wurde. Ist der Wert davon, keine Schmerzen mehr zu haben, 800 Euro wert? Oder mehr oder weniger?
Die Antwort ist für jeden natürlich unterschiedlich. Es gibt dabei keine falsche oder richtige Antwort, sondern jeder findet für sich die passende Antwort.
Wenn jemand kein oder nur sehr wenig Geld hat, dann kann es vorkommen, dass für denjenigen 300 Euro für die gleichen Behandlungen die größte Wertschätzung ist, die er geben kann. Vielleicht ist dies alles, was er hat.

Wenn ein Unternehmer daran denkt, direkt an den Menschen in Form von Personalkosten zu sparen, statt die Gedanken zu haben, wie sie gemeinsam immer mehr das, was sie sind und tun auch finanziell wertschätzen können, setzt gedanklich und emotional eine Botschaft in Bewegung.
Im ersten Fall geht es um Mangelbewusstsein – und man erlebt dann immer mehr diesen Mangel. Im zweiten Falle geht es um ein Wertebewusstsein und erlebt immer mehr Fülle.

Natürlich sind Gehälter buchhalterisch Kosten. Es geht für uns um unsere Einstellung, wie wir diese Beträge betrachten.

Wenn wir diese Beträge als Kosten betrachten, dann sind sie nach der Bezahlung weg. Wenn wir sie als Investition verstehen, dann dürfen wir uns auf ein Wachstum freuen und die Früchte dieses Wachstums ernten. Es ist logisch, wenn wir in uns und in unsere Mitarbeiter säen, dürfen wir uns auf die Ernte freuen. Diese andere Betrachtungsweise setzt zuerst im Kopf dann im alltäglichen Tun sehr viel in Bewegung.

Finanzen im bestehenden System und im neuen System

In dem System, in dem wir leben, wird der Erfolg oft am finanziellen Reichtum festgelegt. Wenn jemand über viel Geld oder Wertgegenstände verfügt, ist er erfolgreich. Wenn jemand über wenig finanzielle Mittel verfügt, denkt man schnell, dass er nicht erfolgreich sei. Um an möglichst viel Geld zu kommen oder es behalten zu können, haben viele von uns eine widersprüchliche Verhaltensweise entwickelt.

Wenn wir etwas haben möchten, sind wir oft bestrebt, so wenig wie möglich dafür auszugeben. Wenn wir etwas anzubieten haben, möchten wir soviel wie möglich dafür bekommen. Diese zwei Ziele sind total gegensätzlich. Da auch viele andere so denken, möchten die anderen mir so wenig wie möglich geben und hoffen, von mir so viel wie möglich zu bekommen. Für jeden von uns ist es leicht zu erkennen, dass diese Verhaltensweisen unbedingt zum Kampf oder mindestens zu großen Anstrengungen sowie zu einem Mangel oder mindestens zum Mangelbewusstsein führen.

Wenn wir zum Beispiel unterwegs sind, da wir einen geschäftlichen Termin haben, möchten wir bei diesem Termin möglichst viel herausholen. Gleichzeitig wollen wir möglichst wenig z. B. den Menschen bezahlen, in deren Hotel wir übernachten und bei denen wir etwas Leckeres essen dürfen.

Was wäre, wenn wir beginnen würden, für uns ein neues System zu schaffen und uns nicht mit dem Preis-Leistungsverhältnis auseinandersetzen, sondern mit dem Thema Wert und Wertschätzung? Wenn wir immer mehr beginnen, den Wert von dem zu erkennen, was wir bekommen und gleichzeitig beginnen, dies auch diesem Wert entsprechend wertzuschätzen, dann schlagen wir gleich zwei Fliegen mit einer Klappe.

Die Wertschätzung für sich selbst zu
erhöhen bedeutet konkret, sich den
eigenen Wert bewusst zu machen.

Unsere Berufung ist der Ausdruck
unseres Seins und baut eine Brücke
zu anderen, sie ist quasi
die Verbindung unseres Innersten
mit den Menschen im Außen.

Die Auswirkung unserer Berufung
verursacht einen hohen Nutzen
für andere in ihrem Leben, ihrer Arbeit
und ihrem Unternehmen.

Und das hat einen hohen Wert für sie,
den sie wertschätzen dürfen.

Erstens erkenne ich überhaupt den hohen Wert von dem, was ich bekomme.
Deshalb profitiere ich unvergleichlich mehr davon. Mit Sicherheit profitiere ich mehr als „nur den bezahlten" Preis, auch dann, wenn der Preis und meine Wertschätzung des Wertes der gleiche Betrag gewesen wären.

Eine liebe Freundin von uns hat in einem Gespräch mit uns ein oder zwei Erkenntnisse über sich gehabt. Diese hat sie so sehr wertgeschätzt, dass sie jedem, auch ihren Mitarbeitern und anderen Freunden, von diesen Erkenntnissen erzählt hat. Als Folge erlebte sie ab dem darauf folgenden Tag gleich die Verdoppelung ihrer bisherigen Umsätze, ohne z. B. im Bereich Marketing etwas gemacht zu haben. Sie hat zusätzlich viele Unterstützer für die weiteren Schritte gefunden.

Bei anderen und immer wieder auch bei uns erleben wir, dass wir das, was wir erkannt haben, gering schätzen. Unsere Ergebnisse sind dann leider auch dementsprechend.
Wenn ich zweitens immer mehr beginne, den Wert wertzuschätzen, den ich bekomme, schätze ich mich damit auch immer mehr. Ich erkenne den Wert von etwas, was ich haben möchte oder was ich als Ergänzung noch brauche und sage mir: Ich bin mir das wert.

Wenn wir unseren Wert erkennen, wollen wir es auch wertschätzen. Das hilft uns dabei, dass wir uns im Bereich Finanzen immer mehr auf die vorderen Plätze in der Reihe begeben. Wir leben also nicht mehr – oder immer weniger – auf unsere Kosten.

Wir haben oft aus wirtschaftlichen Gründen viel mehr gemacht, als wir wirklich wollten oder konnten, da wir dachten, uns die Leistung anderer (bzw. deren Bezahlung) nicht leisten zu können. Wenn wir uns hier mehr Gedanken darüber machen, wie wir uns andere leisten können und wie wir die Gaben der anderen immer mehr wertschätzen können, haben wir uns und den anderen viel geholfen.

Wenn wir unsere spezifischen Werte entdecken, ist es so, als würden wir einen Magneten in uns aktivieren.

Wenn wir beginnen, diese spezifischen Werte und unseren Wert an sich einfach wertzuschätzen, dann entfaltet der Magnet in uns immer mehr Kraft. Diese Kraft in uns zieht dann die Menschen an, für die wir berufen sind.

Je stärker die Kraft des Magnets in mir ist, desto mehr Menschen werden davon angezogen. Es ist also genug, meine Wertschätzung für mich zu erhöhen. Die anderen spüren es und werden angezogen.

Die Wertschätzung für sich selbst zu erhöhen bedeutet konkret, sich den eigenen Wert bewusst zu machen. Unsere Berufung ist der Ausdruck unseres Seins und baut eine Brücke zu anderen, sie ist quasi die Verbindung unseres Innersten mit den Menschen im Außen. Die Auswirkung unserer Berufung verursacht einen hohen Nutzen für andere in ihrem Leben, ihrer Arbeit und ihrem Unternehmen. Und das hat einen hohen Wert für sie, den sie wertschätzen dürfen.

Der Tisch ist gedeckt, wir brauchen nur zugreifen

Wir stehen unter dem Schutz Gottes. Er hat für uns Fülle in jedem Bereich unseres Lebens bereitgestellt.

Diese Fülle steht uns zur Verfügung, wir brauchen nichts dafür zu tun, sie noch zu bekommen, zu erarbeiten oder zu erkämpfen. **Es geht nur darum, diese Fülle in uns zu erkennen und zu lernen, mit dieser Fülle umzugehen, damit sie in unserem Leben auch sichtbar wird.**

Die Fülle gehört uns als seine Kinder. Alles, was wir tun, ist kein Tun, damit wir etwas bekommen oder erreichen, sondern unser Tun ist ein Ausdruck unseres Seins, es fließt einfach aus uns heraus als eine Folge davon, wer wir sind. Dieses Tun können wir nicht einmal zurückhalten.

Wir brauchen also nichts mehr dafür zu tun, damit wir geliebt, beschützt oder versorgt sind. Gott hat schon alles dafür getan.

Wir brauchen nur zu erkennen, was wir bereits von unserem Schöpfer bekommen haben. Dann lernen wir, Schritt für Schritt damit umzugehen.

Wir brauchen auch nichts mehr dafür zu tun, damit wir zu jemandem werden oder zu der Person werden, die wir sein möchten. Wir sind bereits diese Person. Die größte Lüge unseres Schulsystems lautet: „Lerne etwas, damit aus dir etwas wird!" Als ob wir so, wie wir sind, noch nicht fertig, noch nicht genug wären etc. So beginnt für viele von uns eine lebenslange Suche, ohne sich irgendwann einmal finden zu können. Wir suchen nach uns und nach unserer Identität, aber am falschen Ort. Wenn man am falschen Ort sucht, dann findet man nichts.

Im Laufe unseres Lebens dürfen wir immer mehr erkennen, wer wir sind, welche Schätze und spezifischen Werte in uns investiert worden sind und dann können wir Schritt für Schritt lernen, mit diesen Werten in uns umzugehen. Bei unserer Geburt wurde alles in uns hineingelegt, was wir in unserem Leben brauchen werden. Genauso wie das Samenkorn einer Eiche, das alles in sich trägt, um daraus einen starken Baum wachsen zu lassen. Wir werden nichts mehr dazu bekommen. Sogar die innere Sehnsucht wurde in uns hineingelegt. Auch die Sehnsucht, die uns immer wieder in die Richtung zieht, was wir noch zu lernen brauchen, damit wir unseren Auftrag voll leben können, damit die Werkzeuge in unserer Werkzeugkiste scharf sind und wir sie effizient nutzen können.

Teil IV.

Wie finde ich meine Berufung?

Im nächsten Kapitel möchten wir euch beschreiben, wie wir Menschen dabei helfen, ihre Berufung in sich zu erkennen.

Du kannst anhand dieser Beschreibung selbst viele Schritte tun, dich und die Fülle in dir immer mehr zu entdecken. Wenn du noch eine Sicht von anderen benötigst, um wirklich auf den Punkt zu kommen, da du bestimmte Sachen bei dir selbst nicht siehst oder Zusammenhänge nicht erkennst bzw. welch gigantische Möglichkeiten durch diese sich in deinem Leben auftun, kannst du uns gerne kontaktieren.

Es gibt aber vielleicht auch andere in deiner Umgebung, die mit der Gabe der Erkenntnis von Werten in anderen Menschen ausgestattet sind. Suche den Kontakt zu den Menschen, von denen du dich angezogen fühlst.

Zur Umsetzung der Erkenntnis der Berufung ist es wichtig, die Auswirkungen unserer Berufung im Leben von uns und von anderen Menschen zu entdecken und diesen hohen Wert immer mehr wertzuschätzen. Dieser Bereich hat einen absoluten Fokus in unseren persönlichen Begleitungen.

Ein weiterer wichtiger Schritt zur Umsetzung der Berufung ist es, Vertrauen zu der Fülle in uns zu entwickeln, da so unsere Ängste, die uns bisher zurückgehalten haben, immer mehr verschwinden.

Wenn wir Vertrauen zu uns und zu dem Reichtum in uns haben, dann erst können wir auch anderen vertrauen. Dieses

Vertrauen zu anderen ist wichtig, damit wir unsere Berufung im Miteinander auch umsetzen und deren Wert erleben können. Zur vollen Entfaltung kommen wir nur in der Gemeinschaft. Wir haben etwas zu geben, was nur wir geben können und andere haben etwas zu geben, das wir unbedingt zu unserer Entwicklung und der Umsetzung der gemeinsamen Visionen brauchen.

Über die Umsetzung der Berufung haben wir schon in den vorigen Kapiteln einiges geschrieben und kommen noch einmal spezifisch in diesem Kapitel darauf zurück.

Unschuldige Wahrnehmung von uns selbst

Bei der Erkenntnis der Berufung geht es darum, dass wir uns, unseren tiefsten Sehnsüchten, Antriebskräften, göttlichen Gaben und unserem spezifischen Weg, den wir bisher gegangen sind, bewusst werden. Daraus ergibt sich unser neuer Weg, der uns das Gefühl schenkt, angekommen zu sein.

Unsere innersten Sehnsüchte

Um die Sehnsüchte und Antriebskräfte herauszufinden, stelle ich (Szilvia) meistens die folgenden Fragen:

- Bei welchen Themen gehst du auf die Barrikaden? Oder anders gefragt: Bei welchen Themen regst du dich maßlos auf? Es geht hier nicht um Themen, die die ganze Welt betreffen wie z. B. Krieg oder Ungerechtigkeit, sondern um Themen, die dich hauptsächlich persönlich betreffen.
- Was hast du als Kind in der Familie, in der du aufgewachsen bist, vermisst oder was hat dich in dieser Familie gestört?
- Was sind deine tiefsten innersten Sehnsüchte?

Als ich das erste Mal in meinem Leben von jemandem gefragt wurde, welche Sehnsüchte ich hätte, habe ich nicht einmal gewusst, was Sehnsüchte sind, geschweige denn, ob ich welche habe. Heute ist das anders. Für alles Gute gibt es zum Glück einen Anfang im Leben.

Einige Beispiele für unterschiedliche Sehnsüchte:
In meiner Kindheit (Szilvia) habe ich Sicherheit vermisst. Alles, was ich mir als Kind wünschte, war Sicherheit. Ich habe mich immer nach Stabilität in meinem Leben und einem natürlichen Wachstum gesehnt. Alles, was ich getan habe, war aus diesem Grund.

Zuerst habe ich Unternehmen aufgebaut: Mit 21 Jahren habe ich meine erste Firma gegründet. Ich dachte, wenn ich viel Geld hätte und mein Leben selbst bestimmen könnte, dann wäre ich in Sicherheit.
Ich hatte viel Geld, zehnmal soviel wie Lehrer, die im normalen Schulsystem arbeiteten. Ich habe mir trotzdem Sorgen gemacht, wie es in den nächsten Monaten weitergehen würde.
Dann habe ich gedacht, bei meinem Mann wäre ich in Sicherheit. Ich war in unserer Beziehung so sicher. Plötzlich und für mich unerwartet jedoch war er auf einmal weg. Dann habe ich in anderen Beziehungen Sicherheit gesucht. Das hat auch nicht funktioniert. Mein Leben sah wie ein Schloss aus, aber es war ein Kartenhaus, das immer wieder zusammenfiel.
Als ich erfuhr, ich habe eine Berufung, wusste ich, dass ich dadurch diese Sicherheit finde. Ich wusste, durch meine Berufung kann ich das Leben leben, das für mich vorbereitet wurde. Ich habe Stück für Stück erkannt, dass ich alles bekommen habe, alle Gaben und Talente, die ich für dieses Leben brauche. Auch die Kunden und die Aufträge sind sogar vorbereitet. Ich bin für diese Menschen berufen. Und die Finanzierung ist auch gelöst. Ich kam also darauf, dass mir nicht die Finanzen oder Beziehungen die ersehnte Sicherheit geben. Ich fand die Sicherheit in mir, indem ich erkannt habe, was alles in mir steckt, was meine Berufung ist und wie ich damit umgehen kann.
Meine Berufung war die Antwort auf meine Sehnsucht nach Sicherheit, da sie mich zur Erfüllung meiner Sehnsüchte führte. Ich bin also angekommen – auf meinem Weg.

Ich (Reinier) habe mich immer nach einer speziellen Form von Gemeinschaft gesehnt, einer Gemeinschaft, die voller Liebe und Vertrauen ist und auch dann funktioniert, wenn die Dinge nicht glatt laufen. Ich habe erkannt, dass diese Gemeinschaft bei mir beginnt und nicht bei den anderen. Ich durfte lernen und darf jeden Tag dazu lernen, wie ich mit den anderen umgehe, die das Vertrauen zu anderen noch nicht ganz verinnerlicht haben.

Ein anderer Freund hat sich immer nach Erfolg gesehnt. Er wollte schon als kleines Kind erfolgreich sein. Er hat später alles dafür getan, erfolgreich zu werden. Er hat sich so sehr verbogen und verstellt, dass er am Ende nicht mehr wusste, wer er eigentlich war. Dann hat er seine

Berufung erkannt und kam darauf, dass er bereits erfolgreich sei, wenn er nur zu sich stehe. Zuerst begann der Weg in sich, indem er immer mehr erkannt hat, was in seinem Herzen brennt, was es wirklich ist, was er tatsächlich will und was nicht. Dann hat er begonnen, zu dem zu stehen, was er will und wer er ist.
Ihm wurde bewusst, wie erfolgreich er bereits war, da der Reichtum in ihm bereits viele Menschen anzog. Er setzt diese Gaben jetzt in praktischen Projekten um und hilft dabei anderen, zu sich zu stehen und dadurch den persönlichen und finanziellen Erfolg zu erleben.

Unsere Berufung ist der Weg, unsere tiefsten Sehnsüchte zu erfüllen. Deshalb haben unsere Sehnsüchte sehr viel mit unserer Berufung zu tun. Wenn wir unsere Sehnsüchte erfüllen, dann sind wir imstande, den anderen zu helfen, dass sie ihre Sehnsüchte erfüllen können. **So zeigen unsere Sehnsüchte den Zustand, wonach wir uns immer gesehnt haben und auch die Auswirkungen unserer Berufung im Leben anderer als Endergebnis oder Endzustand.**

Irgendwann ist in uns eine Leere – ein Vakuum – entstanden, da diese innersten Sehnsüchte nicht gestillt wurden. Niemand außer uns selbst kann diese Sehnsüchte in uns stillen. Deshalb ist es kein Wunder, dass diese Leere in uns entstand.

Dieses Vakuum hat uns unbewusst immer wieder in bestimmte Richtungen getrieben. Es wurde unbewusst unsere Antriebskraft. Da wir durch dieses Vakuum in uns immer wieder in die gleiche Richtung getrieben wurden, fanden wir uns immer wieder in ähnlichen Beziehungen sowohl privat als auch beruflich wieder.
Wir haben z. B. instinktiv immer wieder Partner ausgewählt, bei denen wir unbewusst gehofft haben, bestimmte Sehnsüchte stillen zu können. Aber das hat nie geklappt. Oder wir sind im beruflichen Bereich zu dominanten Personen geworden, obwohl wir es in unserem Herzen nicht sind. Oder wir nehmen immer wieder die Opferrolle ein und wählen

Geschäftspartner, Mitarbeiter oder Freunde aus, die uns nach unserem Empfinden ausnützen.

Wenn wir unsere Sehnsüchte als Antriebskräfte einfach wahrnehmen, unschuldig wie ein Kind, ohne sie zu bewerten, sondern diese einfach in uns entdecken, dann wissen wir auch, was wir uns geben dürfen. So füllen wir die Leere in uns auf. Und wir wissen auch, was wir anderen zu geben haben. Wir sehen also die Auswirkungen unserer Berufung als Endergebnis im Leben der anderen.

Das Endergebnis unserer Berufung im Leben anderer ist zugleich der Zustand, wonach wir uns immer gesehnt haben.

Wenn wir uns zuerst unsere Berufung geben, wenn wir bereit sind, zuallererst unsere eigenen Sehnsüchte selbst zu stillen und nicht mehr von anderen erwarten, dass sie das tun, dann füllen wir selbst dieses Vakuum in uns auf. Wir sind also der erste Kunde für uns.

Wir haben diese Sehnsüchte bekommen, damit sie uns führen und damit wir die Erfüllung dieser Sehnsüchte erleben. Es ist ganz normal, dass unsere Sehnsüchte wahr werden. Ein hoffendes Herz wird ohne Erfüllung krank werden.

Wir beginnen mit dem Stillen unserer Sehnsüchte in uns selbst. Nur wir selbst können sie stillen, kein anderer. Wenn wir versuchen, unsere Sehnsüchte im Außen zu stillen, bleibt diese Leere in uns bestehen und unser eigenes Glück ist von anderen abhängig.

Wenn wir in uns beginnen und erkennen, dass wir selbst unsere Sehnsüchte in uns stillen können, dann wird diese Leere in uns ausgefüllt. Als Folge davon können wir das Außen unserer Sehnsüchte entsprechend gestalten.

Gottgegebene Gaben, unsere Geburtsgeschenke

Unsere göttlichen Gaben und unser spezifischer Weg unterscheiden uns von allen anderen Menschen. Unter göttlichen Gaben verstehen wir ein tiefes „Urwissen“ oder eine Intuition in uns. Wir können uns diese Phänomene nicht erklären und wir haben sie nie gelernt. Wir wissen oder spüren, dass bestimmte Sachen funktionieren, können aber nicht begründen, warum.

Einige Beispiele für göttliche Gaben:

Ich (Szilvia) spüre, ob jemand seine Berufung schon erkannt hat oder auch nicht. Ich stelle immer die Fragen, die demjenigen helfen, sich in der Berufung zu erkennen. Ich erkenne auch die göttlichen Gaben in meinem Gesprächspartner, wobei sie dieser Person nicht einmal aufgefallen sind.

Ich (Reinier) spüre, wenn jemand kein Vertrauen zu sich und deshalb zu anderen hat. Ich helfe ihm, zu sich Vertrauen zu fassen, dass die Ängste vor dem Scheitern oder vor dem Mangel an finanziellen Mitteln Schritt für Schritt verschwinden.

Entweder hat man diese Gaben oder nicht. Ich (Szilvia) kann Jahre lang darüber reden, wie jemand die Ängste überwinden kann. Die Menschen sagen, sie wüssten, wie das funktioniere, aber sie könnten das nicht umsetzen. Wenn Reinier aus seiner Berufung das gleiche Thema anspricht, gibt es einen Durchbruch innerhalb kürzester Zeit und die Menschen können es umsetzen. Genau darum geht es bei den göttlichen Gaben! Nicht um Wissen, das keine Auswirkungen auf das Leben von uns und von anderen Menschen hat, sondern um Durchbrüche aus der Berufung heraus.

Unser Freund Gernot Stummer weiß, dass wir Menschen gerade mit diesen göttlichen Gaben imstande sind, den für uns höchstmöglichen persönlichen und wirtschaftlichen Erfolg zu erreichen.

In den göttlichen Gaben sind
die Kraft und die Autorität, die jeder zu
seiner eigenen Berufung bekam!
Und das führt zum Durchbruch.

Er hat dieses Wissen als Unternehmensberater immer schon eingesetzt, bereits in Zeiten, wo der Mensch nur als ein Produktions- und Kostenfaktor galt und seine Gaben und Potenziale in den Unternehmen nicht unbedingt gefördert wurden, er musste nur funktionieren.
Er hat den Unternehmen, mit denen er zusammenarbeitete, mit diesem Wissen immer zur Marktführerschaft verholfen.
Wir haben im Bezug auf unseren Wert und auf Finanzen extrem viel von ihm lernen dürfen und wir erreichten für uns einen Durchbruch. Wir haben auch versucht, genau dieses Wissen, was wir für uns umsetzen konnten, an die Menschen weiterzugeben, die wir begleitet haben. Aber sie haben keinen Durchbruch in diesem Bereich erlangt. Dann haben wir ihnen empfohlen, mit Gernot direkt zu reden. Das geschah auch und innerhalb kürzester Zeit haben diese Personen auch die erwünschten Durchbrüche erlebt. Eine Freundin von uns sagte, wir haben das Gleiche gesagt wie Gernot, aber bei ihm konnte sie es umsetzen und bei uns nicht.

In den göttlichen Gaben sind die Kraft und die Autorität, die jeder zu seiner eigenen Berufung bekam! Und das führt zum Durchbruch.

Deshalb ist es wichtig herauszufinden, was wirklich ausschließlich unsere Gaben sind. Darüber hinaus ist es bedeutend, uns nicht mehr mit Sachen zu verzetteln, die wir auch genauso tun können wie viele andere sie tun.

Unser Freund Günter Peham hat die Gabe, in den Menschen die Potenziale zu sehen und diese so zu stärken, dass sie zur vollen Entfaltung kommen. Ich dachte früher: „Was sieht er in bestimmten Menschen?“ Wir und die anderen, die diese Menschen auch kannten, haben nichts in ihnen gesehen und nicht verstanden, warum er so begeistert von diesen „unsichtbaren“ Potenzialen war. Wir sahen nur das, was in diesen Menschen nicht stimmte.
Er war einer unserer Mentoren, der in uns Potenziale sah, als wir in uns noch nichts sahen. Wir sind ihm für seine Gabe sehr dankbar.

Um die göttlichen Gaben herauszufinden, stelle ich keine direkten Fragen, da diese Fragen bisher von keinem beantwortet werden konnten. Entweder weil jemand sich bisher noch nicht bewusst mit diesen Gaben oder mit sich selbst beschäftigt hat oder weil bisher fast alles unbewusst passierte.

Wenn wir uns aber über konkrete Gespräche, Handlungen oder Tätigkeiten austauschen, kommen viele mit unserer Hilfe darauf, welche göttlichen Gaben sie wirklich haben. Sie kommen darauf, dass sie bestimmte Sachen wirklich spüren oder wissen. Sie sind aber davon ausgegangen, dass das andere auch wissen. Aber für andere ist es völlig unverständlich oder andere können es gar nicht sehen oder verstehen.

Hier haben wir die meisten Konflikte mit unseren Partnern, Kollegen oder Mitarbeitern, da wir hier eine – sagen wir einmal hundertprozentige – Sicht haben, die anderen Menschen sehen davon jedoch schätzungsweise unter 10 %. Die Konflikte entstehen, weil wir denken und erwarten, dass die anderen das, was wir wissen, spüren oder für uns das Selbstverständlichste der Welt ist, auch so sehen und natürlich gleich danach handeln. Das führt schließlich zur Überforderung, zu Druck oder zu Missverständnissen.

Wir sind gerade für die Menschen berufen, die diese Sicht noch nicht sehen können oder die Sache nicht im Griff haben. Gerade unsere Gaben können wir ihnen als Ergänzung geben.

Wenn wir jemandem nicht nur bei der Findung seiner Berufung, sondern auch bei der Umsetzung der Berufung helfen, dann nehmen wir die anderen beim Handeln oder in Gesprächen einfach wahr und lenken ihre Aufmerksamkeit darauf, dass es da um ein spezifisches Wissen oder Spüren geht.
Wenn wir das ansprechen, hören wir meistens: „Ist das wirklich etwas Besonderes? Es ist doch natürlich, so zu handeln, es ist ganz selbstverständlich! Wissen oder spüren die anderen das wirklich nicht?“Oder sie sagen, diese Lösung sei doch die einfachste, jeder andere könne das auch.

Diese Reaktionen sind für uns immer die Bestätigung einer göttlichen Gabe. Nach dem Bewusstwerden dieser Gaben kann man mit ihnen viel mehr erreichen. Sie machen uns so richtig effizient.

Der neue Weg

Unseren neuen Weg können wir nur beim Gehen herausfinden. Dazu ist vorerst eine Einsicht notwendig.

Wir sind bisher auch einen Weg gegangen und dieser Weg ist und war wertvoll und gehörte zum ganzen Prozess der Selbsterkenntnis dazu. Auf diesem Weg waren viele schöne Sachen und auch viele Herausforderungen. Wenn wir das Gefühl des Angekommenseins noch nicht haben, dann haben wir bisher gelernt, unsere Herausforderungen auf der Ebene der Symptome zu lösen. Unsere Herausforderungen auf dieser Ebene zu lösen, ist schon viel besser, als unsere Probleme nicht lösen zu können.

Es geht aber darum, dass wir unsere Herausforderungen nicht auf der Ebene lösen, wo sie sichtbar werden, sondern mindestens eine Ebene höher. Wie bei Heilung geht es nicht darum, die Symptome der Krankheit zu bekämpfen oder zu lindern, sondern die Ursache der Krankheit zu erkennen und für diese eine Lösung zu finden.

Wenn wir versuchen, unsere Herausforderungen auf der Ebene der Symptome zu lösen, tauchen sie irgendwann und irgendwo wieder auf, vielleicht nur in einer anderen Form.

Beim neuen Weg geht es in erster Linie nicht darum, dass wir etwas im Außen erreichen. Unser erfolgreiches Tun, das Erreichen und Aufbauen von den Dingen, wonach wir uns sehnen, ist nur die Folge – und zwar eine extrem wichtige Folge!

Wenn wir etwas im Außen erreichen, aber das stille Gefühl der Leere oder der Unzufriedenheit noch da ist, dann zeigt uns das nur, dass wir IN UNS noch ankommen dürfen. Anders gesagt geht es darum, dass wir diese Leere in uns ausfüllen. Wenn wir dies mit unserem bisherigen Weg noch nicht erreichten, dann brauchen wir ganz einfach einen anderen, einen neuen Weg.

Dieser Weg führt zuerst in uns. Wir entdecken beim Gehen im Miteinander unseren spezifischen Weg, den Weg zum Endergebnis unserer Berufung. Diesen Weg, den wir gehen dürfen, gibt es nur ein einziges Mal. Das ist unser einzigartiger Weg. Dieser Weg ist die Antwort auf unsere Sehnsüchte.

Die Auswirkung unserer Berufung als Endergebnis für andere ist zugleich die Antwort auf unsere Sehnsüchte. Unsere Berufung ist der Weg zu diesem Endergebnis.
Wenn wir wissen, dass wir unseren Weg finden und gehen, dann ist das Gefühl des Angekommenseins direkt nach der Entscheidung, diesen Weg in uns anzutreten, da. Indem wir uns unsere Berufung geben, erfüllen wir unsere Sehnsüchte immer mehr.

Wir brauchen nicht darauf zu warten, unsere Sehnsüchte vollständig zu erfüllen. Wir brauchen von uns auch nicht erwarten, dass wir alles, was wir erkennen, sofort leben können. Das ist eine Lebensaufgabe und wir werden bis zu unserem Lebensende immer dazulernen. Wenn wir aber lernen wertzuschätzen, was bereits ist, was wir bereits leben können, dann hat das eine gigantische Auswirkung auf unser Leben und auf unsere Lebensqualität.

Wir sind angekommen auf unserem Weg. Unser Weg beginnt mit dem ersten Schritt!

Wenn wir unseren neuen Weg herausfinden wollen, dann gehen wir einfach los, ohne zu wissen, wie und wohin es geht.

Indem wir bereit sind, uns unsere Berufung zu geben, lernen wir viel dazu und können für andere eine immer stärkere Ergänzung sein.

Um unseren spezifischen Weg herausfinden zu können, stellen wir uns immer öfters die folgenden Fragen.

- Bei welchen Themen geht es mir in Gesprächen besonders gut?
- Welche Tätigkeiten sind für mich pure Freude?
- Bei welchen Gesprächen oder Tätigkeiten habe ich die größten Auswirkungen?
- Gibt es mir Energie, oder nimmt es mir Energie?

Denken wir daran, dass wir unsere Gaben auf dem Weg bisher bereits eingesetzt haben! Deshalb haben wir bereits gigantische Auswirkungen. Es geht nur darum, dass es uns bewusst wird, was bereits entstanden ist.

So geben wir uns unsere Berufung und entdecken für uns den neuen Weg. Der neue Weg beginnt zuerst in unserem Innersten.

Ich (Szilvia) durfte zuerst meinen Platz im Leben einnehmen und die Verantwortung für meine Berufung aufnehmen. Anderen habe ich schon geholfen, aber mich habe ich ausgelassen.

Ich (Reinier) durfte zuerst mit dem neuen Miteinander in mir beginnen und nicht von den anderen erwarten, dass sie dieses neue Miteinander leben können. Ich darf mir und anderen vertrauen, dass dieses neue Miteinander entsteht. So erleben wir jeden Tag mehr, was das Vertrauen und das neue Miteinander in immer mehr Menschen und Projekten bewirken.

Wir haben als Unterstützung zur Beantwortung der bisher erwähnten Fragen zwei Arbeitsblätter entwickelt, die du mit einer Anleitung im Anhang findest. Wir empfehlen sehr, diese nach dem Lesen des Buches auszufüllen. Es sollte ein roter Faden in den bisherigen Ereignissen unseres Lebens entstehen.

Zusammenfassung unserer bisherigen wichtigsten Erkenntnisse

Zwischen unseren tiefsten Sehnsüchten, den inneren Antriebskräften sowie unserer Berufung gibt es bestimmte Zusammenhänge, die wir entdeckt haben.

Wenn wir diese Zusammenhänge wie einen roten Faden in unserem Leben erkennen, dann gewinnen wir ein besseres Verständnis für uns, warum wir etwas tun und welche Motivation oder Beweggründe wir tatsächlich haben.

Wenn wir mit den Ergebnissen in unserem Leben noch nicht ganz zufrieden sind, dürfen wir diese Beweggründe in uns verändern. So verändern sich auch die Ergebnisse in unserem Leben.

Wenn wir unsere Sehnsüchte mit unseren Gaben in uns zusammenführen, entwickeln unsere Gaben die Durchsetzungskraft, die sie in dieser Kombination wirklich haben. Mit der Verbindung unserer Sehnsüchte, Antriebskräfte und Gaben aktivieren wir die Anziehungskraft, die wir in der Wirklichkeit haben.

Mit Hilfe dieser Anziehungskraft verbinden wir das, was in uns ist, also unsere Sehnsüchte, Antriebskräfte und Gaben mit unserem Leben im Außen, mit unseren Tätigkeiten, unserer Arbeit und unseren Unternehmen. So entstehen die Ergebnisse in unserem Leben natürlich und in Freude und Leichtigkeit.

Es entsteht ein roter Faden. Wir erkennen, dass all das in uns und auch im Außen mit uns und unserer Umgebung eine Einheit bildet. Die Wahrheit ist, dass all diese Sachen immer schon eine Einheit bildeten, nur war uns diese Tatsache nicht bewusst. Daher half es uns im alltäglichen Leben nicht viel.

Mit diesen Verbindungen und Zusammenführungen wird all das, was wir tun oder nicht tun, stimmig.

Unsere Berufung wurde uns in erster Linie als Antwort auf unsere Sehnsüchte gegeben. Wenn wir uns zuerst unsere Berufung geben, dann geschieht eine natürliche Heilung in uns. Verletzungen und Enttäuschungen verlieren ihre Kraft. Das Vakuum oder die Leere in uns, also das, was uns bisher immer angetrieben hat, anderen zu helfen, wird ausgefüllt und aus dieser Fülle oder dem Überfluss – und nicht mehr auf unsere Kosten – sind wir imstande, ein wirklicher Segen für uns und andere zu sein.

Unsere vielleicht wichtigste Erkenntnis ist, dass wir die Gaben unserer Berufung zum Teil schon immer gelebt haben, aber das meiste davon lief völlig unbewusst ab. Deshalb erlebten wir ihre Auswirkungen nur begrenzt oder eingeschränkt. Da wir nicht genau wussten, was unsere Berufung ist, wussten wir auch das Endergebnis unserer Berufung im Leben von uns oder anderer nicht. Das bedeutete, wir konnten den Menschen nicht helfen, irgendwo anzukommen, sondern nur bestimmte Herausforderungen punktuell zu lösen. Deshalb fühlten wir uns manchmal wie ein Feuerlöscher: Die Menschen kamen mit Fragen oder Sorgen und wir halfen ihnen weiter. Sie waren zufrieden und entfernten sich – bis zur nächsten Herausforderung. Wir wurden also nur zum „Feuerlöschen" benutzt. Für viele von uns war es schön, da andere uns brauchten und wir bekamen Anerkennung.

Wenn uns unsere Berufung bewusst wird, ist es am wichtigsten, auch das Endergebnis unserer Berufung zu entdecken. Wir müssen also die Frage beantworten können: „Was kommt im Leben der anderen als „Endzustand" zutage, wenn ich anderen meine Berufung gebe?" Alles, was wir bisher in unserem Leben getan haben, das war ein Versuch von uns, dieses Endergebnis in unserem Leben zu erreichen.

Wir haben viele Versuche oder Wege in diese Richtung gestartet, kamen aber nie richtig an. Manchmal hatten wir auch das Gefühl, alles erreicht zu haben, was wir uns wünschten. Aber trotzdem blieb ein komisches, inneres Gefühl der Unzufriedenheit und es fehlte noch etwas. Wir konnten nicht einmal einordnen, wieso im Außen scheinbar alles stimmte und in uns dieses Gefühl trotzdem vorhanden war.

Unsere Berufung ist für uns der Weg zu diesem Endergebnis. Das bedeutet auch, dass wir zuerst diesen Weg gehen dürfen. Unabhängig davon, was wir alles schon erreicht oder aufgebaut haben oder welche Erfahrungen wir gesammelt haben. Hier darf jeder seinen Weg vom Anfang bis zum Endergebnis gehen. Bisher haben wir erkannt, wie es nicht geht oder nur begrenzt geht. Wir haben bestimmte Strecken des Weges hinter uns gebracht und uns dabei oft vergessen. Indem wir uns eingestehen, dass wir zuerst diesen Weg für uns gehen und jeden Tag dazulernen dürfen, erkennen wir den Weg, den wir auch mit anderen bis zum gleichen Endergebnis – aber in ihrem Leben – gehen dürfen.

Dieses Endergebnis ist nicht starr und befindet sich nicht am Ende des Horizonts. In dem Moment, in dem wir uns entscheiden, unsere Berufung zuerst für uns in Anspruch zu nehmen, haben wir dieses Endergebnis für uns erreicht und es entwickelt sich in unendlich vielen Aspekten in unserem Leben weiter.

Wir sind also selbst unser erster Kunde und erst danach kommen die anderen. Wenn wir uns zuerst unsere Berufung geben und das Endergebnis unserer Berufung genießen, füllt sich das Vakuum oder die Leere in uns aus und Fülle kann zu anderen überfließen.

Einige Beispiele folgen für den roten Faden, der durch den Erkenntnissprozeß entsteht:
Ich (Szilvia) habe mich immer nach Sicherheit, stabilem Wachstum und Akzeptanz meiner Person gesehnt. Das ist auch das Endergebnis mei-

ner Berufung für andere. Ich nenne dies das „Göttliche Leben" oder das Leben leben zu können, wonach ich mich schon immer gesehnt habe. Dazu durfte ich meine Berufung zuerst für mich in Anspruch nehmen und meinen Platz im Leben einnehmen. Seitdem fühle ich mich total sicher. Ich fühle mich angenommen von mir, meinem Vater im Himmel und von den Menschen.
Das Endergebnis meiner Berufung zieht die Menschen an, für die ich berufen bin. Es ist völlig egal, wo ich bin oder wen ich treffe, es kommen immer wieder Menschen auf mich zu, für die das Thema Berufung wichtig ist. Das führt natürlich zu einem stetigen Wachstum in jedem Bereich meines Lebens und im Leben anderer.

Ein Unternehmer und Eigentümer eines weltweit operierenden Konzerns hat sich immer nach Zusammenhalt in seiner Familie gesehnt. Außerdem wollte er von anderen so anerkannt und akzeptiert werden wie er ist. Er hat gelernt, sich selbst so zu lieben und wertzuschätzen wie er ist. Heute entsteht überall, wo er nur erscheint, Zusammenhalt. Ist das wichtig bei mehreren tausend Mitarbeitern?

Unser Unternehmerfreund hat in seiner Frau die Person gefunden, die immer hinter ihm stand, auch dann, als er von anderen abgelehnt oder gar nicht beachtet wurde. Er genießt also den Zusammenhalt nicht nur in seinen unternehmerischen Tätigkeiten, sondern auch zu Hause in der Partnerschaft.

Mein Mann vermisste immer das Miteinander, das auch funktioniert, wenn nicht alles glatt läuft. Er genießt jetzt sehr das EINS-Sein mit mir, unserer Familie und unseren Freunden. Das war es auch, was er in jeder seiner Tätigkeiten als Hotelfachkaufmann geliebt hat. Zusammen mit den Gästen und mit dem Team hat er – oder haben sie – große Dinge erreicht und erlebt, wenn das Miteinander erlaubt war.

Wenn Du die Aufgabenblätter im Anhang ausgefüllt hast, kannst du die Bestätigungen finden, ob du wirklich zum Kern von dir gefunden hast, indem ein roter Faden in deinem Leben sichtbar wurde. Ein Beispiel dafür: Das, was du genossen hast in einer guten Partnerschaft oder in Tätigkeiten, die du gerne gemacht hast, ist meistens das Gegenteil davon, was du als Kind vermisst hast oder was dich gestört hat.

Wenn wir also unsere Berufung zuerst für uns in Anspruch nehmen, stillen wir unsere tiefsten Sehnsüchte. Wir wollten sie schon immer stillen, aber immer im Außen. Wir dürfen sie in uns mit unserer Berufung stillen. So erlangen wir das Gefühl des Angekommenseins.

Wir erleben bei Geschwistern, die den gleichen familiären Hintergrund und die gleichen Verhältnisse zu Hause hatten, dass sie ganz etwas anderes vermisst haben oder sie ganz etwas anderes gestört hat. Sie haben also ganz andere Sehnsüchte gehabt, die nicht gestillt wurden.

Diese innersten Sehnsüchte hat unser Schöpfer in uns hineingelegt. Wir haben unser ganzes Leben lang meistens unbewusst nach einer Lösung gesucht, diese Sehnsüchte zu stillen. Wir haben meistens im Außen gesucht und dachten, äußere Umstände oder andere Menschen könnten unsere Sehnsüchte stillen. Wir sind darauf gekommen, dass nur wir diese Sehnsüchte in uns stillen können. Kein Mensch und keine Umstände sind imstande, unsere Sehnsüchte zu stillen. Wenn wir aber unsere Sehnsüchte in uns gestillt haben, verändern sich dementsprechend auch die Menschen und die Umstände um uns herum.

Das Schönste ist, dass unser Vater im Himmel auch die Antwort auf diese Sehnsüchte in Form unserer Berufung in uns hineingelegt hat. Wir nehmen unsere Berufung für uns in Anspruch und dadurch stillen wir unsere Sehnsüchte. So erlangen wir das Gefühl des Angekommenseins.

Wir sind angekommen in unserem Innersten.

So sind wir durch unsere Berufung auch eine Inspiration für andere, ihre Antworten auf ihre Herausforderungen zu finden.

Wenn wir aber versuchen, diese Sehnsüchte im Außen zu stillen, dann bleibt dieses Gefühl der inneren Unzufriedenheit in uns auch dann, wenn wir im Außen viel erreicht haben. Wir können Unternehmen, Organisationen oder Netzwerke aufgebaut haben oder Projekte erfolgreich abgeschlossen haben, aber wenn wir dabei vergessen haben, unsere Sehnsüchte in uns zu stillen, bleibt ein schales Gefühl im Inneren, obwohl im Außen offensichtlich alles passt.

Antworte so spezifisch wie möglich!

Auf die erwähnten Fragen und auf die Fragen in den Aufgabenblättern im Anhang bekommen wir meistens Antworten, die oberflächlich sind. Einige sagen beispielweise, sie möchten mehr mit Menschen zu tun haben oder sie sagen, sie möchten Menschen ermutigen. Je spezifischer wir die Fragen beantworten, desto näher kommen wir unserem Kern, der nur uns ausmacht und nur uns und keinen anderen Menschen beschreibt.

Ich (Szilvia) war vor kurzem bei einer Veranstaltung, die mich persönlich sehr weitergebracht hat. Da gab es drei Damen, die von sich sagten, sie seien ausgebildete Lebensberater. Ich habe eine der Damen persönlich erlebt: In einem bestimmten Bereich meines Lebens hat sie mir durch ihr Wirken extrem viel gegeben. Bevor ich sie aktiv wirkend in meinem Leben erlebt habe, wusste ich nicht, welche Erkenntnisse oder Einsichten ich aus dem Workshop mitnehmen könnte. Der Begriff „Lebensberater" sagte mir viel über ihren Beruf, aber wenig darüber, in welchem Bereich meines Lebens ich mich an sie wenden könnte.

Es ist also gut, sich in solchen Situationen bewusst zu werden, für welchen Bereich des Lebens wir zuständig sind und für welchen nicht. Dadurch werden wir für andere fassbar. Sie erkennen den Nutzen dadurch besser.

Einige Beispiele für spezifische Antworten:
Eine gute Freundin sagte immer, sie möchte Menschen Mut machen. Das war am Anfang schon eine gute Antwort, aber auch noch zu allgemein. Die Frage ist: „Wozu und warum möchte sie anderen Mut machen und was hat das mit ihr zu tun?" Es stellte sich heraus, sie möchte Mut machen, authentisch zu sein, damit jeder so den Sinn des Lebens oder den Sinn in der Arbeit entdecken kann.
Das Thema Authentizität ist für sie persönlich von Bedeutung. Das war ihre innerste Sehnsucht, authentisch sein zu können.

Als sie ein Kind war, ist ihre Familie jedes zweite Jahr umgezogen. Damals dachte sie, sie müsse sich ständig anpassen, um bei dem permanenten Tausch der Freunde überleben zu können.
Sie ist heute in einer Branche tätig, in der der Schein scheinbar mehr zählt als das Sein. Viele tragen eine Maske und verdienen dadurch Millionen.
Wie brennend in ihrem Umkreis dieses Thema der Authentizität und Sinnfrage ist, zeigt sich heute in vielen persönlichen Gesprächen, die sie führt. Immer mehr möchten den Sinn in den verschiedensten Aktivitäten, die sie tun, finden. Das Thema ist ein absoluter Renner! Seitdem sie weiß, wofür und warum sie Mut machen möchte, trifft sie hauptsächlich nur Menschen, die in diesen Bereichen Mut brauchen.

Ein Handwerker sagte, er möchte mehr mit Menschen arbeiten. Diese Antwort ist auch noch allgemein. Die konkrete Frage ist, warum er mehr mit Menschen zu tun haben möchte und welches Thema in seinem Herzen brennt, das er weitergeben will. Und was hat das mit ihm und mit seinem Handwerk zu tun?
Es stellte sich heraus, dass er sich nach Nestwärme gesehnt hat. Diese Nestwärme – also Liebe und Wertschätzung – gibt er durch sein Handwerk an Kunden, Lieferanten und Partner weiter.
Die Art und Weise, wie er sein Handwerk ausübt, haben wir noch nie bei einem anderen Menschen erlebt. Allein wie er die Materialien und die Werkzeuge anfasst – und was für wunderbare Dinge durch ihn entstehen – ist kaum mit Worten zu beschreiben. Man muss ihn einfach erleben. Er ist dabei, eine neue größere Werkstatt zu bauen, ergänzt mit einem Seminarhaus, in dem er diese Liebe zum Handwerk an jeden weitergeben wird, der das auch möchte.

Es gibt wiederum Menschen, die sich als Abholer bezeichnen. Die Frage ist: „Wozu hole ich die Menschen ab? Für Freiheit, für Unternehmertum, um neue Wege zu gehen oder für die wahre Identität?“ Es geht in erster Linie nicht um das Abholen, da gibt es viele, die in dieser Art tätig sind, sondern es geht um das Thema, wofür man jemanden erreichen will.

Wenn das gefundene Thema zu breit und vielschichtig ist, hilft es immer, dieses Thema auf den kleinsten gemeinsamen

Nenner zurückzuführen und diesen mit den innersten Sehnsüchten zu verbinden. Wenn diese Verbindung da ist, ist es immer eine Bestätigung, dass man bei dem innersten Kern des Seins angekommen ist. Durch diese Verbindung entsteht eine enorme Kraft für die Umsetzung.

Arten der Berufungen, Rahmen für die Berufung

Es gibt auch mehrere Arten des Wirkens in der Berufung. Am Anfang hat jeder gedacht, den wir inspiriert und unterstützt haben, sie sollten ihre Berufung in ähnlicher Art und Weise umsetzen wie wir. Das war nicht so gut. Seitdem wir erkannten und dies immer wieder kommunizieren, dass jeder seinen eigenen Weg für die Umsetzung der Berufung finden soll, ist es auch einfacher, dass jeder hier immer mehr seinen Weg findet. Es gibt nämlich keine zwei gleichen Wege!

Der nächste Schritt nach der Findung der Berufung ist, die Art des persönlichen Wirkens und den Rahmen dafür herauszufinden.

Diese Arten variieren und haben in jedem von uns ein unterschiedliches Ausmaß. Bestimmte Arten sind in uns extrem ausgeprägt, andere wiederum kaum vorhanden. Wir haben aber gerade die Arten des Wirkens bekommen, die wir für die Umsetzung unserer Berufung brauchen.
Wenn jemand z. B. gerne etwas initiiert, aber jede Begeisterung bei der Umsetzung fehlt, bedeutet es wahrscheinlich, dass er andere Menschen zur Umsetzung und zur Abwicklung des Alltagsgeschäftes braucht. Es gibt viele zuverlässige und fleißige Menschen, die liebend gerne Tätigkeiten ausführen, die nach Gewissenhaftigkeit und Talenten eines guten Verwalters verlangen. Wenn der Initiator aber beginnt, seine Ideen und Visionen auch nach der Aufbauphase am Leben zu erhalten, kostet es ihn extrem viel Energie und die Ergebnisse werden bescheiden sein. **Es geht darum, dass wir erkennen, in welcher Art und Weise wir wirken und infolgedessen den Mut und die Wertschätzung für uns und die anderen aufbringen, genau dabei zu bleiben und den Rest anderen zu überlassen.**

Die folgenden **Arten des Wirkens in der Berufung** haben wir bisher erkannt.

- Es gibt Menschen, die etwas **initiieren**. Sie haben ihre Vision im Herzen erkannt und beginnen, diese mit anderen Menschen, die gleiche oder ähnliche Visionen haben, aufzubauen. Sie brennen für ein bestimmtes Thema und fangen an, dafür Lösungsansätze zu entwickeln. Diese Menschen haben hohe Begeisterungsfähigkeit und erreichen die Menschen in ihren Herzen. Sie bewegen viel in unserer Gesellschaft, da sie wirkliche Lösungsansätze für die größten Herausforderungen in bestimmten Bereichen unseres Lebens entwickeln.
  Viele, die diese Art des Initiierens haben, brennen so sehr für ein bestimmtes Thema, dass sie gegen die in diesem Bereich herrschenden Missstände kämpfen. Damit sind sie ständig beim Bekämpfen und haben nur einen kleinen Fokus auf die Entwicklung von Lösungsansätzen. Je mehr diese Menschen beginnen, auf die Lösungsansätze zu fokussieren, desto mehr erreichen sie in diesen Bereichen. Das kleine Gespräch mit Mutter Theresa veranschaulicht diesen Fokus sehr gut: Einmal wurde Mutter Theresa gefragt, ob sie an einer Veranstaltung gegen den Krieg teilnehmen würde. Sie sagte: „Dafür habe ich keine Zeit, aber falls ihr etwas für den Frieden tun würdet, bin ich gerne dabei."

- Es gibt Menschen, die Menschen und ihre Lösungsansätze **zusammenführen**. Sie erkennen, was in den Menschen verborgen ist und führen sie mit anderen zusammen, die für sie die richtige Ergänzung oder Stärkung sind. Sie nennen sich oft Netzwerker.
  Wenn diese Netzwerker konkret wissen, was sie in den Menschen genau erkennen und wozu sie sie zusammenführen, dann sind die Trefferquote und die tatsächlichen Ergebnisse der Zusammenführungen extrem hoch.
  Wenn der Wert, der durch die Zusammenführungen für sie und andere entsteht, ihnen bewusst ist, ist auch die finanzielle Wertschätzung gesichert.

Wenn ihnen der Wert nicht bewusst ist, werden diese Zusammenführungen meistens von den Zusammengeführten noch nicht einmal erkannt und/oder auch nicht wertgeschätzt.
Viele suchen deshalb Produkte oder Dienstleistungen, durch deren Weiterempfehlung oder Verkauf sie sich zu finanzieren versuchen.
Andere bauen ein Netzwerk auf, damit ihre Empfehlungen, Zusammenführungen durch das Netzwerk finanziert werden. All diese Lösungen sind wichtig, denn durch das Empfehlen und Zusammenführen soll etwas Konkretes entstehen.
Zum Durchbruch in den Zusammenführungen und deren Wertschätzung führt aber die Erkenntnis, dass die Zusammenführung in sich wertvoll ist und darf auch in sich von anderen erkannt und wertgeschätzt werden. Die Produkte oder Dienstleistungen, die verkauft werden oder die Netzwerke, die entstehen, können nur entstehen, weil die Zusammenführung und Empfehlung stattgefunden haben.

Es gibt Menschen, die andere für ein bestimmtes Thema begeistern, mobilisieren, **abholen**. Sie nennen sich oft Abholer. Diese Menschen wecken andere in bestimmten Bereichen auf, vermitteln eine andere Denkweise und sensibilisieren Menschen für neue und andere Wege, die zu neuen Lösungen führen.
Diese Menschen sind oft als Abholer erfrischend und humorvoll, was den „Abgeholten“ hilft, für die neuen Wege, Lösungen und Denkweisen offen zu werden. Diese Menschen haben auch eine hohe Durchsetzungskraft, die sie auch nötig haben, um andere für Veränderungsschritte zu sensibilisieren und zu inspirieren.
Wenn die Abholer Angst in anderen für das wecken, was in den jeweiligen Bereichen noch vorherrscht oder wenn das so weitergeht, was alles Schlimmes noch kommen könnte, werden ihre Ergebnisse nicht zufriedenstellend. Das Gute und die Lösungen für Probleme haben Anzie-

hungskraft, um die Menschen in diese Richtungen automatisch mitzuziehen. Wenn Menschen Angst haben, sind sie gelähmt, verwirrt und ohne eine Orientierung, die sie weiterbringen könnte. Es ist leichter, effizienter und erfüllender mit Anziehungskraft zu arbeiten, als Menschen abzuschrecken.

Wenn die Abholer versuchen, die Menschen in den Themen zu begleiten und weiterzuführen, wofür sie sie abgeholt haben, aber die Abholer haben diese Gaben nicht, kommt es immer wieder zu Enttäuschungen oder Verletzungen. Das Abholen in sich ist wertvoll und darf von uns und den anderen erkannt und wertgeschätzt werden. Die Zusammenarbeit mit ergänzenden Potenzialen im Bereich Begleitung und Umsetzung unterstützt die Abgeholten im Wachstum und steigert auch die eigenen Ergebnisse des Abholers.

Es gibt Menschen, die andere in einem bestimmten Bereich **begleiten**. Sie haben ein bestimmtes Wissen oder Gaben, die andere zur Umsetzung ihrer Ideen oder ihrer vollen persönlichen Entfaltung brauchen. Diese Begleitung kann ein Impuls sein oder ein oder mehrere Gespräche, bei welchen Inspirationen oder Wissen weitergegeben werden, bis das gewünschte Endergebnis erreicht wird.

Durch diese Gespräche erkennen Menschen, wie sie selbst ihre Herausforderungen lösen können oder wie sie das erreichen können, was sie erreichen möchten. Sie erkennen auch, welche Potenziale sie noch brauchen und lernen, diese von anderen in Anspruch zu nehmen.

Wenn die Begleiter versuchen, die Verantwortung der Umsetzung – die nicht ihre ist – aufzunehmen und sich in das Geschäft oder Leben des Begleiteten einzumischen, dann kommt es immer wieder zum Druck oder zum Widerstand.

Die Verantwortung der Umsetzung liegt eindeutig nicht beim Begleiter, sondern bei der begleiteten Person. Enttäuschungen können auch entstehen, wenn der Begleitete

erwartet oder hofft – auch wenn es meistens unbewusst abläuft – dass der Begleiter ihn erfolgreich macht und der Begleitete dabei vergisst, dass er ALLEINE imstande ist, seine Herausforderungen zu lösen und Schritte zu setzen. Wenn diese Eigenverantwortung abgegeben wird und die Ergebnisse der Begleitung nicht stimmen, ist natürlich in den Augen des Begleiteten der Begleiter schuld.
Wenn die Verantwortungen von Anfang an geklärt sind, ist es leicht, gemeinsam ein Stück des Weges zu gehen.

Es gibt Menschen, die **Spezialisten** sind. Sie kennen sich in bestimmten Bereichen der Umsetzung bestens aus. Sie entwickeln eine Lösung in Form von einem Produkt oder einer Dienstleistung. Das Produkt kann eine innovative Entwicklung im Bereich Energie sein. Es kann sich um gesunde Wurst- und Fleischwaren einer Metzgerei handeln oder es geht um naturgerechten Pflanzenanbau oder wesensgerechte Tierhaltung. Vielleicht ist es eine schöne Tür, die als „die einzigartige Trennung von innen und außen für einzigartige Menschen“ verkauft wird oder ein Lied oder ein Bild, das andere dazu ermutigt, ihren Wert zu entdecken und ihren Traum zu leben.
Eine besondere Dienstleistung kann ein Konzept eines Unternehmens sein, wie folgende Beispiele zeigen: Eine Frau, die gerne putzt und dabei mit Menschen redet, hat eine Firma gegründet. Heute sind mit diesem Konzept 300 Menschen in Single-Haushalten tätig, die putzen und sich mit den Menschen während des gemeinsamen Putzens unterhalten.
Oder es kann das „Krisenmanagement“ einer Buchhalterin sein, die ihren Kunden neben der Buchhaltung hilft, krisenhafte Zeiten seelisch und auch fachlich zu überwinden.
Je mehr dem Spezialisten der Nutzen und dessen Wert bewusst wird, der durch die Produkte UND dem Sinn der Produkte im Leben von anderen entsteht, desto mehr natürliche Anziehungskraft haben diese Produkte und

Dienstleistungen und werden ganz selbstverständlich von denen, die sie brauchen, genommen. Sie brauchen nicht weiter „vermarktet" bzw. gepuscht zu werden.
Viele Spezialisten sind so sehr in die Produkte oder Dienstleistungen verliebt, dass sie vergessen zu kommunizieren, welche Auswirkungen diese Lösungen auf das Leben anderer haben. Die Käufer oder Leistungsempfänger werden vom guten Endergebnis und vom hohen Nutzen angezogen und nicht vom Weg, der dahin führt.

Jeder von uns hat unterschiedliche Kombinationen der Arten des persönlichen Wirkens. Am besten finden wir unsere Kombination heraus, indem wir schauen, was als nächstes in unserem Leben entsteht. Was kommt auf uns zu? Wem begegnen wir, ohne uns dafür angestrengt zu haben?
Wir sind manchmal so sehr beim Aufbauen oder Umsetzen, wir haben so konkrete Vorstellungen und Erwartungen an uns und an die anderen oder wir sind so sehr beschäftigt, dass wir nicht wirklich mitbekommen, was uns vom Leben angeboten wird und was direkt vor unserer Nase passiert.

Weiterhin finden wir die Kombination unserer Art heraus, indem wir uns beobachten. Stellen wir uns die Frage: „Was tut uns gut?" Das erfüllt uns mit Freude und Energie. „Und was ist uns lästig und langweilt uns?" Diese Aktivitäten sind mühevoll und kosten uns extrem viel Energie.
Wenn wir etwas tun, was nicht unserer Berufung und unserem Wesen entspricht, überfordern wir uns selbst und dadurch auch andere. Das spüren wir gleich an unserem Energielevel.

Ich (Szilvia) habe immer gedacht, dass ich gut Veranstaltungen organisieren kann, da ich es schon oft getan habe. Ich verstand nur nicht, warum die anderen genervt waren, wenn ich immer wieder etwas bei den Veranstaltungen vergessen habe. So etwas kann doch jedem passieren! Dann habe ich Reinier kennengelernt. Offiziell organisierte ich die Veranstaltungen weiter, aber er bemerkte immer, was fehlte und kümmerte sich darum, bevor es gebraucht wurde. Jeder entspannte sich, ich auch.

Dann organisierte Reinier alles. Er hat einfach diese Gabe, es kostet ihn überhaupt keinen Aufwand. Er genießt es sogar. Ich selbst lasse jetzt die Finger davon und orientiere mich in diesem Bereich an ihm. Für mich war und ist die Organisation eine Last. Ich habe es nur anfangs nicht gecheckt. Für ihn ist sie das Natürlichste und Einfachste der Welt.

Wenn wir die Art und Weise erkennen, wie wir am besten wirken können, dann bringt es in der Umsetzung unserer Visionen oder Projekten eine große Leichtigkeit und Effizienzsteigerung mit sich.
Wir erkennen, dass es sich lohnt, uns mit anderen zusammenzutun, da nicht nur unsere Kunden, sondern auch wir persönlich dadurch besser vorankommen.

Parallel zum Bewusstwerden der Art und Weise unseres spezifischen Wirkens finden wir immer mehr den oder die Rahmen, in dem oder in denen wir unsere Berufung immer mehr ausleben können.
Rahmen für die Berufung können sowohl eigene Träume, Visionen oder Ideen sein, die wir selbst seit Ewigkeiten in unseren Herzen hegen und pflegen als auch Träume, Visionen oder Ideen von anderen, die sie seit Jahren in ihrem Herzen tragen. Wir schrieben bewusst „sowohl … als auch“. Die meisten von uns dachten „entweder … oder“. Unser Wirken ist ein Zusammenspiel von unendlichen Aspekten und Möglichkeiten.

Wir selbst haben vor kurzem eine eigene Firma gegründet und sind auch in zahlreichen Projekten involviert, in denen wir Menschen unterstützen, ihre eigene Vision zu erreichen. Wir wirken in den anderen Projekten, da wir ähnliches im Herzen pflegen wie die Menschen, mit denen wir da ein Stück des Weges gemeinsam gehen und die wir mit unserer Berufung unterstützen können.

Einige quälen sich ab, da sie scheinbar oder zurzeit keine eigene Idee oder Vision haben, wie sie ihrer Berufung einen Ausdruck verleihen könnten. Sie wissen nicht, wie oder in welcher Form sie wirken können.

Wenn das bei dir der Fall ist, beginne da, wo du kannst! Unterstütze auf deine Art und Weise in deiner Berufung jemanden, dessen Ideen dir zusagen und dein Herz berühren oder dessen Visionen oder Unternehmen dich anziehen. *Wir haben früher auch gedacht, wir hätten keine Visionen. Dann haben wir begonnen, mit anderen zusammenzuarbeiten, die ihre schon erkannt haben. Und wir haben viel dazu gelernt.*

Viele Unternehmen geben heute Möglichkeiten, sich selbst auszuprobieren und zu schauen, wo man wirklich einen einzigartigen Nutzen stiften kann.

Es gibt aber auch Menschen, die darin ihre spezifische Berufung haben, anderen bei der Entwicklung von Geschäftsideen und neuen Firmenstrategien behilflich zu sein. Suche jemanden, der dir hier helfen kann.

Außerdem gibt es schon fertige Geschäftsmodelle, Unternehmenskonzepte und Netzwerke, die du für dich als Werkzeug für deine Berufung und für die Realisierung deiner Vision nehmen kannst. Wenn sie dir wirklich als Werkzeug dienen, dann greif zu! Wenn du als deren Werkzeug dienen solltest, dann lauf weg, so schnell du kannst.

Viele haben ihre Vision erkannt. Aber sie scheint so groß zu sein, dass sie einem in einigen Momenten mehr Angst einjagt als einen mit Begeisterung erfüllt.
Es hilft dir in diesem Fall, wenn du deine Berufung findest, da sie dir zeigt, wofür du zuständig und verantwortlich bist und wofür nicht. Es beruhigt, wenn man weiß, dass man nicht alles alleine aufbauen oder bewirken soll.
Die Berufung zeigt dir auch, wen du noch in den Bereichen brauchst, für die du nicht zuständig bist.

Deine Vision zieht die Menschen an und die Berufungen der Menschen zeigen die unterschiedlichen Verantwortlichkeiten. So lernen wir immer mehr das Zusammenwirken mit anderen und werden effizienter. Sei

es in Unternehmen, Organisationen oder in der eigenen Familie.

Es gibt wiederum viele Menschen, die sind schon mitten in der Umsetzung ihrer Visionen und Träume. Wenn es dir manchmal oder auch öfters zu viel wird oder es auf Kosten von dir selbst, deiner Familie oder der Gesundheit geht, dann nimm dir Zeit für dich selbst, um deine Berufung mit einem Satz auf den Punkt zu bringen. Das wird dir helfen, wieder so wirken zu können, dass es dir und anderen um dich herum Spaß macht. Suche auch Verbündete! Alleine kannst du nicht weit kommen. Du wirst sehen, die Berufung und die Gemeinschaft bringen dein Leben wieder ins Gleichgewicht.

Es gibt auch einige, die ihre Visionen umgesetzt haben und dabei sind, ihr Unternehmen weiterzugeben oder sie haben es schon getan. Dann erwartet dich ein spannendes und bereicherndes Leben in deiner Berufung! Wenn dir deine Berufung bewusst ist, du sie bereits gefunden hast, wirkst du in der Rente mit „Genuss", ohne Stress weiter. Eine Freude – wie im Urlaub – kommt auf. Und du darfst weiterhin deine Erfahrungen an andere, wahrscheinlich auch an Jüngere, weitergeben. Wir brauchen dich noch! Wenn du fertig wärst, dann dürftest du schon nach Hause. Wenn du noch hier bist, darfst du weiter wirken, aber ohne Stress und Sorge!

Arten des Zusammenwirkens in Ehe, unter Kollegen und mit Partnern

Ganz zufällig haben wir entdeckt, dass die Findung der Berufung bei Ehepaaren, in Beziehungen und bei Kollegen und Geschäftspartnern die bisherigen Reibereien verschwinden lässt.
Normalerweise empfinden wir die Andersartigkeit des Partners als Bereicherung, bis die Andersartigkeit in unseren Vorstellungen irgendwie bedrohlich, unverständlich oder unangenehm wird.

So fühlte sich ein visionär veranlagter Landwirt von seiner „im Leben stehenden Frau" ständig gebremst. Die Frau stand mit beiden Beinen im Leben und war meistens für den gesicherten Ablauf im Alltag verantwortlich. Sie fühlte sich ständig durch die Sprünge des visionär veranlagten Mannes gestört und überfordert. Sie dachte oft, dass sie selbst nichts zustande bringt. Bevor etwas umgesetzt wurde, hatte er schon die nächsten Ideen, die er mit Begeisterung verfolgte. Die vorherige Idee war aber noch nicht umgesetzt.

Das gleiche ist in Unternehmen zu beobachten, in denen der visionär veranlagte Partner wenig Verständnis bei den Kollegen findet, die für das operative Geschäft verantwortlich sind. Und umgekehrt fühlen sich die Kollegen ständig von der Ideenflut der Visionäre überfordert.

Bei der Berufungsfindung des erwähnten Ehepaares haben beide erkannt, wie ihre Berufungen einander ergänzen. Sie kamen darauf, dass diese Ergänzung die Kraftquelle ihrer Beziehung ist und außerdem die besten Möglichkeiten für ihren Bauernhof bietet. Sie haben ihren Hof umgestellt und sind voll in der Umsetzung ihrer Vision.

Wenn es den Paaren oder Geschäftspartnern gelingt, ein Verständnis für ihre eigene Berufung und die des Partners oder Geschäftspartners zu entwickeln, dann kommen sie darauf, dass die Bereiche, in denen bisher Streitigkeiten und Reibereien an der Tagesordnung waren und die bisher extrem viel Energie gekostet hatten, genau die größten Potenziale ihres Lebens bzw. ihres Unternehmens aufweisen.

Die unterschiedlichen Berufungen sind perfekte Ergänzungen des anderen und werden zur größten Kraftquelle in der Beziehung bzw. in der Zusammenarbeit in der Geschäftswelt.

Wir erleben, wie die Ehen und Beziehungen in Projekten und Unternehmen zu einem Ganzen werden. Das Zwischenmenschliche wird auf eine stabile Basis gestellt. All das sind Nebeneffekte der Berufungsfindung. Wir sind dafür sehr dankbar!

Unsere Empfehlungen für die nächsten Schritte!

Das spontane Ausfüllen des Tätigkeits- und Familienblatts unterstützt dich bei deinen ersten praktischen Schritten, einen roten Faden in deinem Leben, deinen bisherigen Aktivitäten und in deiner Familie zu entdecken.
Nach dem spontanen Ausfüllen der beiden Blätter frage dich selbst: „Was sind die wiederkehrenden Themen in meinem Leben?"

Bei mir (Szilvia) war es immer, dass ich anderen geholfen habe, ihren Platz im Leben zu finden. In meiner Sprachschule in Ungarn habe ich z.B. immer wieder im Sprachunterricht Texte eingebracht, die den Schülern geholfen haben, ihren Platz im Leben zu finden. Der Deutschunterricht war nur ein Vorwand!
Bei meinem Mann war es das Thema „Miteinander". Er wollte als Restaurantchef oder Chef einer Reinigungsfirma im Bereich Gastronomie immer ein gutes Miteinander, ein Nebeneinander war für ihn zu wenig.

Wenn du den roten Faden in deinem Leben erkannt hast, verbinde das mit Deinen Sehnsüchten. Was hat das Thema deines Lebens mit deinen innersten Sehnsüchten zu tun?

Wenn du bestimmte Sachen noch nicht sehen oder erkennen kannst, du aber gerne zum Punkt kommen möchtest, kontaktiere uns einfach! Wenn du deine Berufung erkannt hast, aber noch nicht die Ergebnisse hast, die du haben möchtest, kannst du uns auch gerne kontaktieren. Wir werden sehen, ob wir und/oder unsere Freunde dich bei der Umsetzung unterstützen können.

Es wäre auch ratsam, wenn du in der Umsetzungsphase deiner Vision oder Projekte in einer Gemeinschaft Gleichgesinnter integriert bist. Es ist manchmal so, dass man zuerst Gegenwind bekommt.

Es ist und war für uns sehr ermutigend und gewinnbringend, dass wir in der Gemeinschaft von „wertevollleben“ gleichgesinnte Menschen gefunden haben, die uns immer wieder ermutigt, aber auch sehr praktisch unterstützt haben. Deshalb empfehlen wir für die Umsetzung deiner Visionen die Gemeinschaft „wertevollleben“.

„Wertevollleben“ organisiert lokale Gruppen, in denen der Fokus darauf liegt, dass jeder Einzelne sich voll entfaltet und die Visionen und Projekte jedes Einzelnen gemeinsam zum Erfolg geführt werden. Damit erfüllt sich automatisch auch die Vision der wertevollleben-Gemeinschaft:
„Gemeinsam in Freiheit wertevollleben!“

Es gibt mittlerweile viele Menschen, die helfen, den Sinn des Lebens oder die Berufung herauszufinden. Es gibt auch viele Gemeinschaften oder Bewegungen, die Menschen unterstützen, Visionen und Träume zu realisieren. Wir sind nicht die einzigen.

Wir wünschen dir, die Menschen und Gemeinschaften zu finden, die zu deinem Wesen und deinem Lebensauftrag passen!

Viel Erfolg!
Reinier und Szilvia

P.S. Wir würden uns freuen, wenn du uns erzählst oder schreibst, was diese Zeilen in deinem Leben ausgelöst haben. Du kannst mit uns Kontakt unter info@van-gerrevink.com aufnehmen oder uns auf einem unserer Seminare oder Webinare treffen

Anhang

Im letzten Kapitel dieses Buches findest du die Zusammenhänge und den roten Faden, die du für dein Leben anhand der Aufgabenblätter entdecken darfst.

Anleitung zum Ausfüllen des Tätigkeits- und des Familienblatts

Wir bitten dich, die Anleitung zu lesen und im Anschluss das Tätigkeitsblatt und das Familienblatt so spontan wie möglich auszufüllen.

- Zähle in der mittleren Spalte auf dem Tätigkeitsblatt bitte die verschiedenen Schulen, Jobs, Projekte und Tätigkeiten nacheinander auf. Vermerke dazu, welche Tätigkeit du wie lange gemacht hast und warum du damit aufgehört hast.
  Auf dem Familienblatt haben wir in der mittleren Spalte für dich schon zwei Einträge gemacht: die Familie, in der du aufgewachsen bist und die jetzige Familie, mit der du lebst. Wenn du mehrere Beziehungen hattest, erweitere bitte die Zeilen.

- Trage danach auf dem Tätigkeitsblatt zu den jeweiligen Tätigkeiten in die rechte Spalte ein,
  – was du extrem gerne getan hast und/oder
  – was du, ohne es gelernt zu haben, automatisch gut machen konntest und/oder
  – was dir Freude bereitet hat und/oder
  – was du dir aus dem Ärmel schütteln konntest und/oder
  – was für dich am einfachsten war und/oder
  – was du einfach genossen hast.

- Bitte beantworte auf dem Familienblatt bezüglich deiner beiden Familien die folgenden Fragen und trage die Antworten in die rechte Spalte ein:
  – Was hast du in der Familie genossen und/oder
  – was hast du für dein Leben mitbekommen und/oder
  – was genießt du in deiner jetzigen Familie/Partnerschaft und/oder
  – was gibt dir diese Beziehung.

Wenn du keine Familie hattest oder hast, wähle bitte Beziehungen, die prägend für dich waren und/oder sind und beantworte bitte anhand dieser Beziehungen die genannten Fragen.

- In die linke Spalte kommen danach die Sachen, die dich in den verschiedenen Tätigkeiten (Tätigkeitsblatt) oder in der Familie (Familienblatt) immer
  – gestört haben und/oder
  – die du vermisst hast und/oder
  – die du erreichen wolltest, aber nicht konntest
  – bei denen du an deine Grenzen gekommen bist

Bitte versuche, die Beschreibungen so spezifisch wie möglich zu formulieren. Ein Beispiel: „Was konntest du in deinem Job XY besonders gut machen?“ Antwortbeispiel: „Mit Menschen umgehen.“ Kannst du das auch konkreter formulieren? Was heißt das genau für dich? Mögliche konkretere Antworten: „Menschen in die Eigenverantwortung führen.“ oder „Harmonie unter den Kollegen schaffen.“ oder „Meine Kollegen ermutigen, Schritte zu tun.“

Wir wünschen dir viel Freude beim Ausfüllen! Und wir wünschen Dir Erkenntnisse,
– was für eine Fülle in dir steckt und
– was du alles schon geschafft und überwunden hast!

Liebe Grüße
Reinier und Szilvia

FAMILIENBLATT

Das habe ich vermisst:		Das habe ich genossen:
	In der Familie, in der ich auf-wuchs	
	In der Familie, in der ich jetzt lebe	

TÄTIGKEITSBLATT

Was hat mich gestört?	Schulen, Jobs, Projekte	Was konnte ich gut machen?
	Muster-Tätigkeit I. 3 Jahre Ich wollte nicht mehr angestellt werden	
	Muster-Tätigkeit II.	
	usw.	

Zwei Briefe von Menschen, die ihren Weg gefunden haben

Im Folgenden findet ihr zwei Briefe von zwei wertvollen Menschen, die wir ein Stück des Weges begleiten durften.

Robert Prosiegel, Metzgermeister in der 5. Generation, trafen wir in einer Situation, in der er – nach vielen sehr erfolgreichen Geschäftsjahren – bereits fünf sehr herausfordernde Geschäftsjahre hinter sich hatte.

Liebe Szilvia, lieber Reinier,

meinen herzlichsten Dank für Euer Wirken und Arbeiten an und mit mir.
Die ruhige und liebenswerte Art, wie Ihr an meine Probleme herangegangen seid, hat mir von Anfang an das Gefühl gegeben, Euch beiden und wertevollleben grenzenlos zu vertrauen.
Da Ihr überzeugt sei, dass in jedem Mensch der göttliche Funken ist, gelingt es Euch, dieses Feuer zu entfachen.

Dazu sucht und findet Ihr die Talente, die jeder Einzelne, entsprechend seiner Berufung, mitbekommen hat.
Das bedeutet, dass Ihr keine fertige Lösung überstülpt, sondern wirklich individuell erkennen lässt, was und wie die Lösung aussieht.

Sehr viele Menschen lassen es zu, dass von Geburt an Ihre Berufung zugedeckt oder zugeschnitten wird und bemerken das meist im mittleren Lebensabschnitt dadurch, dass eine Krise, ein Burnout oder eine Krankheit sie aus der bisherigen Laufbahn wirft. Dadurch werden Existenz, Identität und das Tun bis dorthin in Frage gestellt.
Wer in dieser Situation den Wink des Schicksals erkennt und all den Müll zur Seite räumen will, ist schon auf dem richtigen Weg.
In meinem Fall war es eine Fügung des Schicksals, dass ich Euch, liebe Szilvia und lieber Reinier, kennenlernen durfte.
Zusammen mit Gernot Stummer, dem ich ebenfalls von Herzen danke, war Eure Hilfe für mich wahrlich Gold wert.

Gemeinsam haben wir meinen Berufungssatz entwickelt und dieser ist für mich ein Schlüssel, der nun viele Tore öffnet.

Teilweise erfasse ich die ungeahnten Möglichkeiten noch gar nicht, aber ich weiß, fühle und erlebe, wie sich in mir sehr viel Positives ereignet und sich – gemäß dem Gesetz der Resonanz – auch im Außen widerspiegelt.

Wer immer sich für die Einzelheiten interessiert, erhält gerne ausführliche Auskunft.

In großer Dankbarkeit
Robert Prosiegel

Metzgerei Prosiegel
Felderstr. 12, D- 91801 Markt Berolzheim
metzgerei@metzgerei-prosiegel.de
http://www.metzgerei-prosiegel.de

Bettina Windischbauer trafen wir durch die „Freie Schule Kremstal“. Sie war eine der fünf Mütter, die diese Schule initiierten. Sie und ihr Mann haben einen Bauernhof in der Umstellung auf natürliche Landwirtschaft in Österreich.

Liebe Szilvia, lieber Reinier,

ihr habt mir dabei geholfen das Wesentliche in mir wieder zu spüren, wahrzunehmen bzw. diesen Prozess der „Entwicklung“ zu beschleunigen, manchmal sogar äußerst rasant. Und das meist nur durch ganz ganz wenig. Oft sind es nur ein oder zwei Sätze im richtigen Moment.
Vor allem aber fühle ich mich getragen in dieser speziellen Atmosphäre, die ihr schafft – so voller Wertschätzung, voller Liebe zu den Mitmenschen.
Es hat sich schon so viel getan in mir und um mich herum, seit wir uns kennengelernt haben.
Ich komme immer mehr und mehr an, ich bin immer klarer und mutiger in meinen Entscheidungen. Ich weiß und spüre, was ich will. Mein Ver-

stand folgt meinem Herzen und nicht mehr umgekehrt. Meine Visionen werden gerade mit Leben erfüllt. Mein Vertrauen und meine Liebe zu mir, zu den Mitmenschen und zur Natur mit all ihren Wesen (Tieren, Pflanzen...) wächst bzw. festigt sich immer mehr.

Ich beginne, meine Berufung zu leben und mein ursprüngliches Wesen wieder wahrzunehmen. Ich erkenne, dass alles eine Einheit ist und alles so seinen Sinn hat, wie es ist. Ich erkenne, dass ich meinen Platz einnehmen muss und nicht den von anderen.

Szilvia und Reinier, danke dafür, dass ihr mir helft, meine Berufung immer mehr und mehr zu leben, meinen Weg mutigen Schrittes und voller Wertschätzung mir und den Mitmenschen gegenüber zu gehen.

In Liebe
Bettina

Bettina Windischbauer
Dipl. Lebensberaterin & Aufstellungsleiterin

Rührndorf 29, A-4551 Ried im Traunkreis
praxis@natur-beratung.at
www.natur-beratung.at

Ein weiterer Kurzbrief von Gerlinde Freller

Als ich nach 25 Jahren meine Stelle bei der Post verlor, wusste ich mit 51 Jahren nicht, wie es weitergehen soll. Szilvia und Reinier haben mir die Augen geöffnet: Ich erkannte, was in mir steckt und welche Potenziale ich mitbringe. Das hat mir den Rücken gestärkt, neue Wege gehen zu können.

Gerlinde Freller-Steindl,
Staufstrasse 5, 4083 Haibach
gerlinde.freller@aon.at
Haus der Begegnung in Haibach

wertevollleben versteht sich als „Bühne", auf der Menschen das, was in diesem Buch beschrieben ist, zur gelebten Kultur erheben dürfen. Es ist eine Gemeinschaft von Menschen, die einander darin unterstützt, die EIGENE Persönlichkeit und seine Berufung zur vollen Entfaltung zu bringen. Jeder findet bei wertevollleben die ergänzenden Potenziale für sich, seine Berufung, seine Vision und die daraus resultierenden Projekte.

Die Vision:

Eine WERTEkultur der gelebten Liebe,
in der wir gemeinsam in Freiheit werte-voll-leben!

Dazu ein Kurzbericht von Günter Peham über die Entstehung von wertevollleben:

„Im Januar 1999 hatte ich das Vorrecht, in einer Vision, man könnte es auch Tagtraum nennen, eine „Gesellschaft in der Gesellschaft" zu sehen, bei der die gelebte Liebe bereits Realität war.
Diese Menschen hatten eine hohe Attraktivität und Anziehungskraft auf ihr Umfeld. Sie waren in allen Bereichen des Lebens FREI, weil sie alles füreinander getan haben. Niemand hat etwas zurückgehalten. Sie lebten in persönlichem und wirtschaftlichem Überfluss. Viele Menschen um sie herum wollten auch dieses wundervolle Leben, und diese „Gesellschaft in der Gesellschaft" war offen für jeden, der dazukommen wollte.
Dieses tolle Erlebnis hat mich in dem Bewusstsein bestärkt, dass dies auf jeden Fall möglich sein muss! Ich bin überzeugt, dass jetzt der Zeitpunkt gekommen ist, wo diese „Gesellschaft in der Gesellschaft" sichtbar wird."
Nun wird diese Vision bei wertevollleben von vielen Menschen gemeinsam umgesetzt, denn „wenn die Berufenen auf ihren Platz kommen und ihre Bestimmung im Miteinander

leben, werden die Lösungen für die Herausforderungen der heutigen Zeit sichtbar!“

Um Dir ein Bild zu vermitteln, wie sich das Ergebnis dieser Vision darstellen kann, gibt es das Buch: „Die WERTEkultur der gelebten Liebe!“

Weitere Infos unter:
Internet: www.wertevollleben.com
E-Mail: office@wertevollleben.com

Weiterführende Angebote von Reinier & Szilvia:

- **„Lebe deine Berufung!** – Wie und wo findest du deine Berufung und setzt du sie mit anderen gemeinsam um?"
  Seminaraufnahme (MP3 – 4 Einheiten)
  - Wie entdeckst du deine Gaben und Potenziale, Sehnsüchte und Bedürfnisse wieder?
  - In welchem Bereich hast du deine größte Anziehungskraft?
  - Wie zieht deine Wertschätzung zu dir und deinen Potenzialen deine Kunden an und wie sorgt dies für einen natürlichen Finanzfluss?

- **„Lebe gemäß deinem Wert!** – Möchtest du mehr Anerkennung und Wertschätzung in deinem Leben und in deinem Beruf?"
  Seminaraufnahme (MP3 – 2 Einheiten)
  - Warum ist es lebenswichtig, dich im Bereich Zeit und Finanzen an die erste Stelle zu setzen?
  - Wie schaffst du das ganz einfach und natürlich?
  - Wie ziehst du die Finanzen an, die du für dein eigenes Vorankommen und das deiner Projekte oder Unternehmen brauchst?

- **„Schaffe ein harmonisches Miteinander!** – Wie Ihr – du und jeder in deinem Team – in einem harmonischen Miteinander ALLES erreichen könnt."
  Seminaraufnahme (MP3 – 2 Einheiten)
  - Wie entsteht Vertrauen, wenn das Verständnis füreinander fehlt?
  - Warum funktioniert das Miteinander durch Vertrauen, wenn Regeln und Prinzipien versagen?
  - Ist blindes Vertrauen wirklich Vertrauen?
  - Was ist dein gigantischer Anteil, damit ein Miteinander um dich herum wirklich entstehen kann?

* **„So setzt du deine Berufung um!** – Wie du deine Berufung findest und diese im harmonischen Miteinander erfolgreich umsetzt.“

  „Jahresprogramm!“ mit
  1. Videokursen,
  2. persönlichen Feedbacks und
  3. Live-Coachings in Gruppen als Webinar für die praktische Umsetzung

  1. Videokurs mit 10 Modulen über 10 Monate

  2. Persönliches Feedback
  von Szilvia:
  – Du erhältst ein Feedback auf deine erledigten Aufgaben. Das hilft dir zu erfassen, was du alleine noch nicht erkennen konntest.
  von Reinier:
  – Du hast vieles erkannt, doch deine Kraft setzt du noch nicht für dich und zielführend ein. Ein persönliches Gespräch hilft dir, um einen echten Durchbruch zu erzielen

  3. Live-Coachings in Gruppen
  – In jedem Monat gibt es zusätzliche Inspirationen und praktische Tipps von uns. Beispiele werden dich unterstützen, in deinem Alltag das im Videokurs Gehörte immer mehr und gleichzeitig einfacher umsetzen zu können.
  – In jedem Videokurs gibt es Aufgaben, die du umsetzen darfst. Du kannst deine neuen Erkenntnisse und Ergebnisse in dieses Live-Coaching einbringen und dich auch von anderen Teilnehmern inspirieren lassen.

All das findest du unter www.berufung-miteinander-leben.com

Wir wünschen dir viel Freude und Erfolg bei der Findung und Umsetzung deiner Berufung!

Dein Reinier und Deine Szilvia van Gerrevink